하나님의 임재를 경험하는 일상의 훈련
임마누엘 일기

Joyful Journey: Listening to Immanuel
by E. James Wilder, Anna Kang
John Loppnow, Sungshim Loppnow

Copyright ⓒ 2015 Shepherd's House, Inc.
Published by Shepherd's House, Inc.
P.O. Box 2376 East Peoria, IL. 61611 U.S.A.
All rights reserved

Korean translation copyright ⓒ 2016 by Togijangi Publishing House
2F, 71-1 Donggyo-ro. Mapogu, Seoul 04018, Korea

This Korean edition is published by arrangement with Shepherd's House, Inc.
(P.O. Box 2376 East Peoria, IL. 61611 USA)

본 저작물의 한국어판 저작권은 Shepherd's House, Inc.와의 독점계약으로
한국어 판권을 '도서출판 토기장이'가 소유합니다.
저작권법에 의하여 한국 내에서 보호를 받는 저작물이므로 무단 복제를 금합니다.

특별한 표기가 없는 모든 성경 구절은 개역개정성경을 인용한 것입니다.

하나님의
임재를 경험하는
일상의 훈련

손정훈 · 이혜림 옮김

임마누엘 일기

짐 와일더
애나 강
존 롭노우
성심 롭노우

토기장이

추천의 글

진정한 기쁨을 누리는
임마누엘 일기를 시작하라

'온누리교회 회복사역'에서는 학대와 중독, 외상으로 고통받는 사람들을 건강한 사람으로 성숙(변화)시키기 위한 프로그램들을 진행해 오고 있다. 우리가 이 사역을 하면서 가장 가슴 아픈 것은, 많은 사람들이 자신의 문제와 고통에 짓눌려 하나님이 함께 하심을 깨닫지 못하고 자기만의 세계에 갇혀 사는 모습을 볼 때이다. 그러나 고통의 문제는 스스로 다루려 하면 할수록 점점 더 커질 뿐이다.

우리는 기존의 기독교 단체에서 진행하는 전통적인 치유 방법으로는 고통 가운데 있는 한 개인이 그리스도인의 장성한 분량에 이르기까지 자라는 데 한계가 있음을 깨달았다. 고통을 이겨 나갈 힘이 없는 상태에서 문제만을 깊이 다루는 것은, 오히려 고통 받는 이들이 치료를 포기하게 만들었기 때문이다. 참으로 회복의 여정을 시작하기 위해서는, 문제를 직면하기보다 그 문제를 이길 수 있는 힘, 바로 '기쁨의 용량'을 키우는 것이 최우선이었다. 우리 온누리교회 회복사역팀은 이것을 깨닫게 되면서 2015년부터 '기쁨의 회복사역'을 시작하게 되었다.

하나님께서 우리에게 주시는 마음의 감정은 모두 좋은 것이다. 그러나 걱정과 근심, 두려움과 슬픔 같은 부정적인 감정에만 계속 머물러 있으면 자신도 모르는 사이에 부정적인 사람이 되고 만다. 하나님께서 우리에게 주기 원하시는 것은 기쁨과 평안, 감사의 마음이다. 예수님은 자신 안에 있는 기쁨이 우리 안에도 충만하기를 원하셨다(요 15:11). 그렇다면 우리가 어떻게 해야 기쁨으로 충만해질 수 있겠는가? 그것은 예수님이 말씀하신 것처럼 우리가 포도나무에 붙어 있을 때에 가능한 것이다. 예수님께 붙어 있어야만 계속해서 주님이 주시는 영양분을 공급받을 수 있기 때문이다. 이렇게 포도나무 되시는 주님께 꼭 붙어 함께 하는 생활, 바로 이것이 '임마누엘 생활방식'이다. 이것은 주님과 깊은 교제를 나누는 삶을 가능하게 해 준다. 이 책의 주제인 '임마누엘 일기쓰기'는 우리로 하여금 '임마누엘 생활방식'으로 인도하는 좋은 도구가 되어줄 것이다.

이 책은 기쁨의 회복사역을 창안하고 연구해 온 짐 와일더 박사와 그의 동료들이 수많은 경험과 깊은 묵상 가운데 기록한 책으로 다음과 같은 분들에게 유익하다.

- 하나님과 친밀한 교제를 하기 원하는 분
- 자신의 문제보다 하나님이 주시는 기쁨 가운데 살아가기 원하는 분
- 상처 입은 마음이 아니라 예수님의 마음으로 살아가기 원하는 분
- 하나님의 깊은 만지심과 돌보심을 받기 원하는 분
- 문제로부터 벗어나기 위한 기쁨의 용량을 늘리기 원하는 분
- '임마누엘 일기'를 통하여 하나님의 임재를 경험하기 원하는 분

「임마누엘 일기」는 단순히 읽는 책이 아니라 직접 일기를 쓰면서 임마누엘의 하나님을 경험하는 책이다. 「예수님 마음담기」(토기장이), 「기쁨은 여기서 시작된다」(두란노)와 함께 읽으면

서 적용하면 훨씬 많은 도움을 받을 수 있다.

고통의 문제로 고민하며 아파하는 분들을 위해 나는 주저 없이 '임마누엘 일기쓰기'를 권하고 싶다. 독자들은 이 책의 지침을 통해 임마누엘 일기를 써 나가면서 자신도 모르는 사이에 하나님과의 깊은 교제를 나누며 그분과의 친밀함을 누리게 될 것이라고 확신한다.

이기원 목사_온누리교회 회복사역 본부장

서문

하나님의 임재를 경험하는
임마누엘 일기

해마다 우리는 'Annual Gathering'이라는 이름으로 컨퍼런스를 개최하고 있다. 올해는 그 행사가 미국 캔자스 주에서 열렸는데, 이 책을 쓰고 소개했던 2015년 시카고 컨퍼런스 이후로 꼭 1년 후였다.

이때 우리가 만난 수많은 참석자들 가운데 가장 인상 깊었던 두 사람을 소개하려고 한다. 한 사람은 의사, 다른 한 사람은 이제 막 중독에서 벗어난 사람이었다. 매우 점잖아 보였던 의사는 '매 순간 하나님의 임재를 경험한다는 건 어떤 것일까'에 대해 알고 싶었지만, 그 열망이 충족되지 않아 오랫동안 힘들었노라고 고백했다. 그런데 자신의 아내가 가르쳐 준 '임마누엘 일기'를 통해 그 목마름이 점차 해갈되는 경험을 하게 되었노라고 감사의 인사를 전했다.

그와는 사뭇 달라 보였던, 중독에서 벗어난 사람은 어린 나이에 베트남전에 참전하고 난 후 깊은 외상과 중독에 시달려왔노라고 말했다. 그러나 최근 자신도 놀랄 만큼 회복되어 일주일 후면 중독 회복 프로그램을 수료하게 된다며 매우 기뻐했다. 그는 중독에서 벗어날 수 있었던 요인으로 '임마누엘 일기'를 꼽았다. 그러고는 자신의 손때 묻은 일기장을 꺼내 빼곡히 채운 일기 중 하나를 소리 내어 읽어 주었다. 그는 읽는 내내 끊임없이 눈물을 흘렸다.

우리는 그 내용을 들으면서 그를 자유케 하시려는 하나님 아버지의 선하신 뜻과 사랑을 절절히 느낄 수 있었을 뿐 아니라, 그의 아버지가 우리의 아버지가 되시고 그를 향한 아버지의 선하신 뜻이 우리를 향한 아버지의 선하신 뜻임이 느껴져 함께 한없이 울었다.

이 두 사람은 매우 다른 사람이었다. 그러나 하나님의 임재와 그분의 사랑을 오랜 세월 갈망해왔다는 점에서 그들은 매우 공통점이 많았다. 당신은 어떠한가? 당신 주변에 있는 사람들은 또 어떠한가? 이러한 갈망이 채워지지 않아 괴로워하고 있지는 않은가? 우리는 이 책을 통해 '임마누엘 일기쓰기'를 배우게 될 수많은 사람들이 하나님의 사랑을 먹고 마시며 점차 성숙해나가는 기쁨을 경험해나가리라 믿는다.

차례

추천의 글
서문

chapter 01
당신의 삶을 변화시키는 임마누엘 일기를 경험하라 • 15

chapter 02
당신의 '임마누엘 시력'을 점검하라 • 37

chapter 03
감사를 통해 임마누엘로 들어가라 • 51

chapter 04
지금 당신의 '관계회로'는 켜져 있는가? • 77

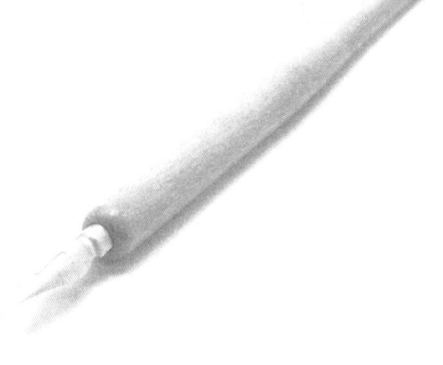

chapter 05
하나님과 당신의 생각을 맞추라 • 95

chapter 06
임마누엘 공동체를 세우라 • 131

chapter 07
임마누엘 일기에 대해 묻고 답하다 • 163

부록1 용어설명
부록2 임마누엘 일기쓰기 요점정리
부록3 임마누엘 일기쓰기 예시
부록4 임마누엘 일기쓰기 노트

chapter 01

당신의 삶을 변화시키는
임마누엘 일기를 경험하라

"하나님의 임재를 경험할 때에야 비로소 그분과 친밀한
교제를 나누게 되고 마음의 상처를 치유 받으며 성품이
변화되고 아름다운 공동체가 세워지게 된다."

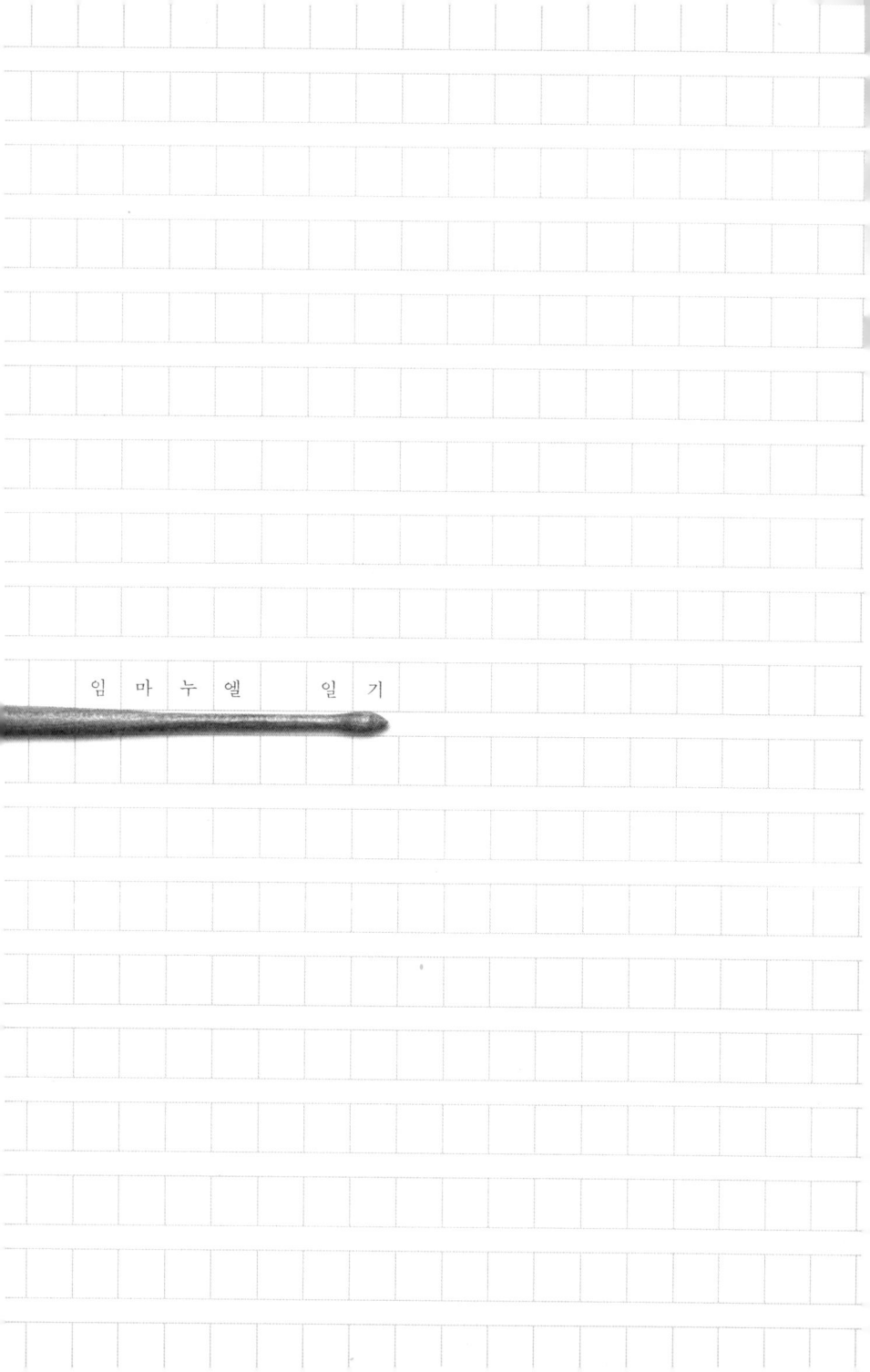

임 마 누 엘   일 기

'임마누엘 일기쓰기'는 우리 생각과 삶 속에서 하나님의 임재를 보다 민감하게 인식할 수 있는 효과적인 방법이다. 이 일기는 다음 세 부분으로 구성된다.

1. 감사로 교류하기: 감사의 고백을 통해 하나님과 교제한다.
2. 하나님과 생각 맞추기: 하나님의 관점으로 내 삶의 이야기를 풀어놓는다.
3. 일기 소리 내어 읽기: 일기를 소리 내어 읽음으로써 다른 사람들과 함께 나눈다.

우리 삶 속에서 하나님의 임재를 보다 민감하게 인식해야 하는 이유에는 여러 가지가 있다. 그중에 가장 중요한 이유는 우리가 매순간 하나님의 임재를 인식하며 살 때, 그분의 인도하심을 경험할 수 있고 그분과 친밀한 교제를 나눌 수 있다는 것이다. 뿐만 아니라 마음의 상처가 치유되고 성품이 변화되며 공동체가 세워지기도 한다. 이 책은 임마누엘 일기쓰기 방법을 당신의 삶과 공동체에 적용할 수 있도록 도와줄 것이다. 하나님과의 관계에 관해서는 성경적 진리를, 인식의 민감성 향상에 관해서는 신경과학을 사용하여서 임마누엘 일기쓰기 방법의 원칙을 설명하고자 한다.

조금만 신경 써서 하나님과 건강한 애착관계를 형성하면 우리가 어떤 존재가 될 수 있는지 보다 명확하게 알 수 있다. '나'의 정체성은 궁극적으로 내가 누구를 사랑하는가와 내가 어떤 고통을 회피하려고 하는가에 따라 결정된다. 사랑의 감정과 고통에 대한 두려움은 어느 것이 더 강한지 나의 내면에서 자주 경쟁을 한다. 크리스천인 우리는 "하나님은 사랑이심이라"(요일 4:8)와 "온전한 사랑이 두려움을 내쫓나니"(요일 4:18)와 같은 말씀을 잘 안다. 하지만 이런 성경 지식이 우리 삶에 실제로 적용되는 일은 쉽지 않다. 다른 사람이 나에게 화를 낼지 모른다는 두려움이 종종 우리 안에서 사랑의 생각을 '내쫓는다.' 만약에 우리가 당신에게 당신의 삶을 깊이 변화시킬 수 있는 강하면서도 부드럽고, 친밀한 하나님과의 교류법을 소개해 준다면 어떻겠는가? 이 과정은 단 몇 분이면 배울 수 있다. 대부분의 사람들이 이 방법을 실천하는 순간부터 변화를 경험한다. 간단한 순서에 따라 이 방법을 적용하면 변화의 첫 단추인 하나님과의 대화가 자연스레 시작될 것이다.

'하나님과의 교류'(Interacting with God)라는 말은 아주 간단하게 들리지만 사실 우리 대부분은 어떻게 하나님과 교류해야 하는지를 잘 알지 못한다. 또한 하나님을 뵙지도 그분의 음성을 듣지도 못한다. 더욱이 하나님을 보고 그분의 음성을 들었다고 말하는 사람들을 불편하게까지 여기기도 한다! 예수님이 임마누엘(우리와 함께 하시는 하나님)의 모습으로 오셨을 때, 예수님과 가장 가까이 있던 사람들조차도 그분 안에 계신 하나님을 제대로 보지 못했다. 다시 물고기를 잡으러 돌아간 시몬 베드로(요 21:3-4)와 엠마오로 가던 두 제자는 부활하신 예수님을 알아보지 못했다(눅 24장). 예수님은 이것이 삶의 고통에만 초점을 둘 때에 생기는 '침침한 시력'(마음에 더디 믿는 자)의 문제라고 진단하셨다.

우리도 이 제자들과 같다. 우리도 마음에 더디 믿기에 우리와 함께 하시는 예수님을 제대로 보지 못한다. 우리 모두가 마음에 더디 믿기 때문에 하나님은 우리와 함께 걸으시는 임마누엘의 하나님을 경험할 수 있도록 우리에게 성령님을 보내주셨다. 그런데 대부분의 사람들은 하나님이 우리와 항상 함께 계신다는 것을 머리로는 알지만 그분의 임재를 느끼면서 직접 그분과 교류 해 본 적은 한두 번, 아니면 아예 없는 경우가 많다.

엠마오로 가는 두 제자 이야기는 하나님이 우리에게 계속 말씀하심에도 불구하고 우리가 그 사실을 알지 못할 수도 있음을 보여 준다. 여러 생각이 우리 머릿속을 스쳐 지나갈 때, 하나님이 우리에게 말씀하고 계심을 깨닫지 못하는 데에는 세 가지 이유가 있다.

첫째, 우리 생각이 하나님, 그리고 다른 사람들과의 교류를 받아들이고자 하는 관계 지향적 상태에 있지 않기 때문이다. 관계 지향적 상태는 우리 뇌신경에 관계회로(relational circuits: RCs)가 있기 때문에 생겨난다. 관계회로는 차단되거나 작동하거나 손상되기도 한다. 엠마오로 가는 제자들처럼 깊은 고통에 빠져 관계회로가 차단되면 우리에게 말씀하시는 분을 인지하지 못하는 현상이 생긴다. 여기에 대해서는 다시 자세히 설명하면서 우리의 관계회로가 제대로 작동하고 있는지 점검하고, 관계회로를 재가동시킬 수 있는 간단한 방법을 소개하도록 하겠다.

둘째, 에베소서 2장 10절 말씀은 하나님의 생각과 우리의 생각 사이에 유사성을 기대할 수 있다고 기록한다. 뇌에 있는 대상 피질이라는 부분이 사고 공유 상태(mutual-mind state)를 만들어 다른 생각을 가진 두 존재 간에 의미 있는 교류를 가능하게 한다. 사고 공유 상태가 만들어지면 우리는 우리가 사랑하는 사람이 생각하고 느끼는 방식으로 생각하고 느끼게 된다. 그런데 이 사고 공유 상태는 우리의 의식보다 더 빨리 움직이기 때문에 이 상태에서 일어난 생각을 보고, 과연 내 생각인지 아니면 상대방의 생각인지 구분할 수 없을 때가 많다. 하나님과의 사고 공유 상태를 발전시키는 방법에 대해서는 이 책의 뒷부분에서 더 자세히 설명하도록 하겠다.

우리에게 말씀하시는 하나님을 놓치는 세 번째 이유를 살펴보기 전에 먼저 에베소서의 구절을 자세히 살펴보려 한다.

"우리는 그가 만드신 바라 그리스도 예수 안에서 선한 일을 위하여 지으심을 받은 자니 이 일은 하나님이 전에 예비하사 우리로 그 가운데서 행하게 하려 하심이니라"엡 2:10.

에베소서 2장 10절에서 바울은 '포이에마'라는 헬라어를 사용하는데 그것은 '하나님의 시(詩)'라는 뜻이다. 포이에마를 '만드신 바' 또는 '작품'으로만 번역하면 중요한 의미를 놓치고 만다. 성경의 시(詩)는 소리의 운율만을 맞추지 않고, 히브리 양식을 따라 생각의 운율도 맞춘다. 즉, 하나님의 시(詩)인 우리의 생각과 하나님 아버지의 생각을 맞출 수 있다는 말이다. 정말 놀랍지 않은가! 어떻게 이것이 가능하단 말인가? 우리가 누군가와 가까워지고 친밀해지면 그 사람이 시작한 문장, 그 사람의 생각을 끝맺을 수 있게 된다. 깊고 진정한 사고 공유의 상태에서는 어디까지가 내 생각인지, 또한 상대방의 생각은 어디서부터 시작되는지 불분명해진다. 하나님과 우리 사이에도 이런 일이 일어날 수 있다. 하나님과 사고 공유 상태에 도달하면 우리는 하나님의 성품과 마음을 닮게 되고, 그럼으로써 세상에 우리를 지으신 분인 하나님을 보여 주게 되는 것이다. 사고 공유 상태가 강해질수록 선한 일을 위해 지음 받은 우리의 목적이 더 잘 드러나게 된다. 그런데 여기서 우리의 '선한 일'이 우리를 구원할 수 없음을 기억해야 한다. 선한 일은 우리가 창조주처럼 생각할 때 자연스레 흘러나온다. 그것은 우리가 하나님의 생각뿐 아니라 그분의 행동에까지 운율을 맞추면서 나오는 자연스런 결과이다.

하나님이 우리에게 말씀하셔도 알아차리지 못하는 세 번째 이유는 잠시 걸음을 멈추고 우리의 생각이 하나님의 생각과 일치하는지 점검하지 않기 때문이다. 우리 생각을 어떻게 점검하는지에 대해서는 뒤에서 보다 자세히 설명하겠지만 여기서 중요한 내용을 먼저 살펴보자.

하나님의 생각과 우리의 생각이 일치하게 되면 우리 안에 '샬롬'이 찾아온다. 샬롬은 '그리스도의 평강'이라는 의미로 모든 것이 이해가 되며 잘 조화된 상태를 말한다. 나아가 골로새서 3장 15절은 우리가 일상생활에서 평강이 사라졌다고 인식할 때마다 샬롬으로 하여금 우리의 '행동을 멈추게' 하는 심판이 되게 하라고 한다. 이 구절에서 헬라어 '브라뵈오'(rule)는 '심판으로 다스리다'라는 뜻이다. 이 평강이 우리 삶의 모든 부분에서 심판의 역할을 해야 한다는 의미이다.

우리 삶과 관계의 원칙은 우리가 하나님이 생각하시는 방식에 맞추고자 할 때에 모든 것이 샬롬 가운데 있어야 한다는 것이다. 이렇게 될 때에 우리는 하나님, 그리고 하나님의 생각에 자신의 생각을 맞추려는 모든 사람과 조화를 이루게 된다.

우리에게는 그리스도의 평강, 우리 삶을 다스리는 샬롬이 부족하다. 우리의 생각을 하나님의 생각에 맞추는 법을 배우지 못했기 때문이다. 골로새서 3장 1절-17절은 우리가 하나님과의 사고 공유 상태에서 살고 성장할 때에 우리 삶을 통해 무엇이 드러나는지를 분명하게 제시한다. 우리가 그리스도와 함께 다시 살고 우리 생각을 위에 있는 것들에 고정하면, 하나님과 더더욱 가까워지면서 우리 생각이 자연스레 하나님의 생각과 일치하게 된다. 하나님과의 이러한 친밀감을 통해 우리는 옛 본성을 벗고 새롭게 하나님으로 옷 입게 되는 것이다. 골로새서 12-14절은 긍휼과 자비와 겸손과 온유와 오래 참음으로 옷 입으라고 말한다. 또한 서로 용납하여 피차 용서하고 이 모든 것 위에 사랑을 더하라고 명한다. 이것이 사고 공유 상태에 이를 때에 우리가 맺는 열매이다. 임마누엘의 사랑이 우리 삶을 인도하면 하나님의 평강이 우리 마음을 다스린다. 평강 가운데 살아갈 수 있는 방법에 대해서는 뒤에서 다시 설명하도록 하겠다.

때때로 우리와 동행하시는 부활하신 그리스도를 알아차리지 못할 때, 우리 속의 평강이 흔들리는 것을 볼 수 있다. 또한 삶이 하나님의 시로 다가오지도 않는다. 우리 생각을 우리를 지으신 하나님의 생각에 맞추지 못해서 우리 삶에 샬롬이 사라지고 만 것이다. 이때 우리는 휘슬을 불며 하나님의 샬롬에서 벗어났다고 우리에게 알려 주는 심판에게 귀를 기울여야 한다.

임마누엘 일기쓰기는 샬롬으로 돌아가는 길이다. 샬롬이 회복되면 감사가 느껴진다. 우리 속에 감사와 샬롬이 느껴진다는 것은 우리가 하나님과 생각을 맞추고 있다는 증표이다. 우리는 이 증표를 임마누엘 일기쓰기의 출발점이자 종착점으로 삼아야 한다.

임마누엘 일기쓰기

임마누엘 일기쓰기는 하나님과 당신의 사고 공유 상태를 보다 민감하게 인식하게 해 주는 놀라운 방법이다. 우리 네 사람의 저자(성심, 애나, 존, 짐)는 임마누엘 일기쓰기를 연구하여 이 책에 교재 형식으로 담아냈다. 성심과 애나, 존은 지역교회의 목회자이자 리더이다. 이 세 명의 목회자들은 가정과 부부상담 심리치료를 공부하는 대학원 과정에서 서로 만났다. 당시 이들의 생각은 대부분의 심리치료사들과 크게 다르지 않았다. 다음은 저자 성심의 고백이다.

> 우리는 내담자의 삶에서 고통을 제거하면 그들이 풍성한 삶을 살 수 있을 것이라고 믿었다. 그래서 우리 삶은 물론 다른 사람들을 어떻게 하면 상처와 고통에서 벗어나게 할 수 있는가에 대한 방법을 찾고 있었다. 그러는 과정에서 짐(Jim Wilder)을 만났고 그를 통해 새로운 패러다임을 배우게 되었다. 즉, 우리가 치유에 대한 잘못된 생각을 가지고 있었음을 깨닫게 된 것이다. 고통을 경감하는 것이 치유의 궁극적 목적인 줄 알았는데 그것은 일시적인 현상에 불과한 것이었다. 치유는 고통이 없는 상태가 아니라 하나님과 공동체 안의 형제자매들과 견고한 관계를 유지할 수 있는 상태를 말하는 것이었다. 짐은 우리에게 예

수님과 함께 살아가는 방법인 '임마누엘 생활방식'을 가르쳐 주었다.

성심은 이렇게 덧붙인다.

처음에는 성경공부 시간을 통해 칼 레이먼(Karl Lehman, 2011)의 '임마누엘 프로세스'를 정서적 치유의 모델로 소개하고 가르쳤다. 물론 고통을 완화시키려는 목적 아래 일주일에 한 번씩 모였다. 그 가르침의 과정에서 우리는 사람들이 수월하게, 그리고 매일의 삶 속에서 상담자나 리더의 도움 없이도 예수님과 직접 교류할 수 있는 방법이 있지 않을까 하여 이를 연구하기 시작했다. 그 결과 임마누엘 일기쓰기 도구가 개발되었다.

임마누엘 일기쓰기는 우리의 고통을 완화시켜 줄 뿐 아니라 샬롬이 결여된 종교적이고 반복적인 기도생활로부터도 벗어나게 해 준다. 임마누엘 일기쓰기는 개인, 소그룹, 공동체 전체가 일상에서 하나님의 임재를 보다 민감하게 인식할 수 있도록 도와준다.

상담자와 리더의 도움 없이도 하나님의 사랑과 도우심을 쉽게 경험할 수 있게 도와주는 이 실용적인 방법을 소개할 수 있게 되어 무척 기쁘다. 임마누엘 일기쓰기를 통한 예수님과의 단

한 번의 만남으로 삶이 바뀌는 사람도 있다. 이와 같은 변화된 삶의 경험은 사람들로 하여금 우물가의 여인처럼(요 4:28) *예수님의 선하심을 다른 사람에게도 나누게 만든다.*

임마누엘 일기쓰기는 임마누엘 경험을 소개하기 위해 개발된 세 번째 방법이다. 참고로 첫 번째 방법은 임마누엘 기도(일대일 상담형식)이고 두 번째 방법은 그룹 임마누엘(그룹 상담형식)이다(173-175쪽 참고). 그중 임마누엘 일기쓰기가 이 과정을 습득하기에 가장 쉬운 방법임이 거듭 입증되었다. 저자인 짐은 아르헨티나, 브라질, 칠레, 중국, 콜롬비아, 한국 등 많은 국가에서 임마누엘 일기쓰기를 얼마나 쉽게 배울 수 있는지 직접 확인했다. 애나는 임마누엘 일기쓰기가 자신에게 꼭 맞는 방법임을 깨달았다. 존은 교회 내 여러 그룹에게 임마누엘 일기쓰기를 가르쳤고, 성심은 임마누엘 일기쓰기를 배운 사람들이 다른 사람들에게 임마누엘 일기쓰기를 쉽게 가르칠 수 있다는 사실을 알게 되었다. 사람들은 임마누엘 일기쓰기를 통해 샬롬을 키워 가고 성숙한 성품을 갖게 되었으며 기쁨을 발견하게 되었을 뿐 아니라 자신이 배운 것을 다른 이들에게 쉽게 전해 줄 수 있게 되었다.

임마누엘 일기쓰기는 널리 퍼져 나갈 수 있는 좋은 방법이다! 이 책에서 그 프로세스를 설명하고자 한다.

이 책의 내용

2장에서는 '임마누엘 시력'(Immanuel Sight)이라는 용어에 대해 알아볼 것이다. 이것은 하나님은 선하시고 능하시며 우리를 돕기 원하신다는 사실을 인식하고 깨닫는 것을 말한다. 그리고 어떻게 우리의 임마누엘 시력을 강화시킬 수 있는지에 대해 살펴볼 것이다.

3장에서는 '감사로 교류하기'에 대해 집중적으로 다룰 것이다. 감사로 교류하기를 정의하고 그것이 중요한 이유도 살펴볼 것이다. 독자들이 감사를 연습하고 하나님의 반응을 경청하는 여정을 시작할 수 있도록 몇 가지 예시도 담았다.

4장에서는 우리의 '임마누엘 시력'을 나빠지게 하는 요소들, 그리고 다시 회복시키는 요소들에 대해 살펴볼 것이다. 트라우마와 잘 소화해내지 못한 감정들은 우리 뇌의 관계회로 접속을 약화시킬 수 있다. 관계적 측면에서 뇌가 제대로 기능하게 되면 하나님과 사람들과의 교감을 강화할 수 있다.

5장에서는 임마누엘 일기쓰기의 2단계인 '하나님과 생각 맞추기'에 대해 나눌 것이다. 여기서는 마음의 고통을 어떻게 경감할 수 있는지, 그리고 어떻게 하면 평안을 경험할 수 있는지에 대해 살펴볼 것이다. 임마누엘 일기쓰기의 각 단계와 각 단계에 해당하는 일기쓰기 방법의 구체적인 예를 소개하고, 각 단계가 우뇌의 4단계 통제센터의 어느 부분과 연결되어 작동하는지, 그리고 하나님과 생각 맞추기의 유익에 대해 알아볼 것이다.

6장에서는 공동체에서 어떻게 임마누엘 일기쓰기를 활용할 수 있는지에 대해 설명할 것이다. 여기서는 혼자 있을 때, 또 그룹으로 모였을 때 일기를 소리 내어 읽는 것이 왜 중요한지를 알려 줄 것이다. 임마누엘 일기의 마지막 단계, 즉 공동체 안에서 자신의 임마누엘 일기를 소리 내어 읽으면 세 방향의 유대 기술이 강화된다. 여기서는 그룹 활동을 돕는 데 필요한 지침도 제공한다.

7장에서는 임마누엘 일기쓰기 과정에서 나올 수 있는 질문들에 대한 답변을 들을 수 있다.

임마누엘 일기쓰기를 통해 우리의 삶은 이렇게 달라졌다

저자 애나는 임마누엘 일기쓰기의 경험에 대해 이렇게 반추한다.

> 고통과 절망으로 뒤덮인 가정에서 자란 나는 하나님과 내 주변 사람들의 선함을 믿기가 어려웠다. 내 삶은 방치와 학대, 깨어

진 관계로 점철되어 있었고 내 자신의 그릇된 선택은 내 육체적, 정서적, 영적 안녕을 해치고 있었다. 나는 껍데기밖에 남지 않은 상태에서 스무 살에 예수님을 만났다. 예수님을 따르겠다는 결단은 내게 급진적인 변화였고, 나는 이제 고통스런 삶에서 벗어나 드디어 내가 원하던 것을 얻을 수 있게 되었다는 사실에 정말 흥분되어 있었다.

크리스천이 됐을 때, 이제 다 잘될 것이고 모든 게 달라질 것이라는 얘기를 들었다. 솔직히 말해서 이것은 내가 지금까지 들은 거짓말 중에 가장 큰 거짓말이다! 모든 것이 내가 듣고 예상했던 것과 전혀 달랐다. 살아 계신 하나님과의 관계를 시작하고 나서 내 삶의 궤적이 이전과 반대 방향으로 움직이게 된 것은 사실이었지만, 아무것도 달라지지 않은 듯이 느껴졌다. 내 가정생활이나 주변 사람들은 이전과 똑같은 상태였다. 깊은 고통도 여전했다. 삶의 대부분을 큰 고통 속에 살았기에 당장 그 고통이 사라지길 바랐는데 내 바람대로 되지 않아 환멸감마저 들었다. 그래도 내가 온전해지면 제대로 된 삶을 살 수 있을 것이라고 믿었다. 내 삶을 괴롭히는 고통만 없앨 수 있다면 성경이 말하는 지상명령의 삶을 살아 낼 수 있을 것이라고 생각한 나는 문제를 해결하고 치유받기 위해 할 수 있는 모든 노력을 기울였다. 하지만 거듭 실패했다.

그럼에도 불구하고 하나님은 계속 나를 만나 주셨다. 사랑이 넘치는 많은 이들과 다양한 자료들을 통해, 나는 이 책의 저자들과 함께 치유는 고통이 없는 상태가 아니라 하나님의 임재이며 우리 삶을 향한 하나님의 지속적인 개입임을 깨닫게 되었다. 이 같은 사고의 패러다임 전환이 일어난 후, 하나님이 참으로 나와 함께 계심을 깨닫기 시작했다.

임마누엘 일기쓰기는 이 진리를 내게 보여 주고 하나님의 임재를 보다 민감하게 인식할 수 있도록 도와준 중요한 도구이다. 치유를 좇을 때는 짓눌리고 낙담했었는데, 임마누엘 일기쓰기를 통해 하나님과 또 신뢰할 수 있는 형제자매들과의 교류가 시작되자, 치유를 통한 새로운 삶을 막연히 기다리지 않고 매 순간 하나님과 함께 하는 연습을 하게 되었다.

일기쓰기는 생각을 정리하고 하나님과 교류하는 전 과정의 속도를 늦출 수 있게 해 준다는 점에서 정말 실용적이다. 속도를 늦추고 내 자신을 잠잠하게 할 수 있었기에 나를 향한 하나님의 긍휼을 경험하는 소중한 선물을 받을 수 있었다. 하나님의 인정과 위로를 받기 시작하니 가족과 공동체에 속한 다른 지체들의 인정과 위로를 덜 요구하게 되었고, 내가 받은 구원의 기쁨을 경험하게 되었다. 하나님과의 교류의 기초가 놓이자 눈에 띄는 변화가 일어났다.

지금 나는 그리스도의 샬롬을 훨씬 더 민감하게 인식한다. 그리고 그 샬롬이 내 삶의 모든 부분을 다스리는 심판의 자리에 있다.

다음은 임마누엘 일기쓰기에 대한 성심의 고백이다.

나도 치유가 중요하다고 생각하면서 변화의 여정을 시작했다. 내 고통의 원인은 가난이었다. 먹고 사는 것이 쉽지 않은 환경이었기에 공부를 계속 할 수 있을지는 늘 미지수였다. 내 작은 어깨로 짊어지기에 삶은 버거웠다.
이렇게 궁핍한 중에도 부모님은 내게 믿음의 본을 보여 주셨다. 그 점에 대해서는 참 감사하게 생각한다. 물론 부모님이 보여 주신 삶은 이상적인 삶과는 거리가 멀었다. 하지만 절박한 상황을 만날 때마다 그분들은 언제나 문제보다 크신 하나님께 부르짖으셨다. 나 역시 그 본을 따라 하나님께 매달렸고 하나님의 능력과 공급하심을 경험했다. 특히 미국으로 유학을 오면서 하나님의 공급하심을 크게 경험했다. 그 결과 가난하고 소외된 자들을 도우시는 하나님의 능력에 대한 확신을 쉽게 얻을 수 있었다.
하지만 내겐 하나님의 능력을 확신하지 못하게 하는 삶의 영역이 있었다. 내 속에 있는 것들을 바꾸시는 하나님의 능력에 대해서는 잘 믿어지지 않았다. 우리 부모님은 성경공부와 예배, 기도회를 빠지지 않고 참석하셨고, 그런 시간들을 통해 어려운 삶을 살아갈 힘을 하나님으로부터 받으셨다. 하지만 집안에서의 부모님의 모습은 그대로였다. 그래서 나는 하나님의 능력이 일시적으로 느껴질 수밖에 없었다. 나 역시 교회 생활은 열심히 했지만, 성령의 열매는 맺지 못하는 삶을 살아가고 있었다. 내 믿음이 내 성품을 변화시키지 못한다는 사실이 존과 결혼한 직후 더욱 확실해졌다. 정말 하나님의 능력이 내가 그리스도의 사랑으로 다른 사람들을 사랑할 수 있도록 도울 수 있을까?

나는 애나와 같은 크리스천들이 하나님의 임재를 경험하는 데 어려움을 겪는다는 점을 깨달았다. 하지만 나와 같은 크리스천들은 교회가 권하는 모든 일을 함으로써 하나님을 사랑하려고 한다. 그런데 그 삶에는 성령의 열매가 맺히지 않는다. 나는 많은 크리스천들이 화가 난다는 이유로 자녀들을 함부로 대하는 것이나 남을 판단하고 정죄하는 것 같은 죄로부터 자유롭게 되기를 소망한다.

나를 포함한 수많은 크리스천들의 문제의 답을 찾기 위해 노력하는 중에 고통을 건강하게 소화해 내는 능력은 하나님, 그리고 다른 이들과의 지속적인 생명력 있는 교류를 통해 자라난다는 사실을 깨닫게 되었다. 예수님은 내게 기쁠 때나 고통스러울 때나 어느 때든지 어떻게 하면 하나님 아버지와 교감하며 그분의 임재 안에 머물 수 있는지에 대해 가르쳐 주셨다. 예수님과 하나님 아버지는 사랑으로 견고히 묶여 있으셨다. 예수님이 가지셨던 하나님 아버지와의 친밀한 애착관계는 예수님으로 하여금 자신이 누구인지, 무엇을 하도록 부름을 받았는지, 그 부름심을 어떻게 살아내야 하는지를 기억하도록 하는 생명의 양식이었다. 요한복음 15장에서 예수님은 하나님 안에 거하라고 말씀하시면서 그러면 하나님이 우리 안에 거하실 것이라고 알려 주신다. 또한 우리가 그분 안에 거할 때 열매를 맺게 된다는 점을 강조하신다. 거함은 곧 우리와 예수님 간의 지속적 교류를 의미한다.

어느 월요일 모두(4명의 저자)가 한자리에 모여 이야기를 나눌 기회가 있었다. 이야기를 나누던 중, 짐은 청년 시절 자신의 삶을 바꾸어 놓은 성경 속에서 발견한 세 가지 진리를 우리에게 소개해 주었다.

- 하나님께 모든 것에 대하여 이야기하라.
- 그 어떤 일도 두려움 때문에 하지 말라.
- 사람을 깊이 사랑하라.

이 세 가지 진리가 우리의 마음을 울렸다. 우리 모두가 이 세 가지를 실천한다면 우리 삶에 성령의 열매가 맺혀 세상에 강력한 증거가 되리라고 확신한다. 하지만 실제로 하나님께 모든 것에 대해 이야기하지 않고, 두려움 때문에 행동하며, 다른 이들을 깊이 사랑하지 않기 때문에 우리의 증거는 약할 수밖에 없다. 그래서 우리는 하나님과 생각을 맞추지 못하는 것이다. 그러나 임마누엘 일기쓰기는 우리의 생각이 하나님의 생각과 맞도록 도와준다.

임마누엘 일기쓰기는 우리가 하나님 안에 거하도록 도와주는 도구이다. 지금까지 우리는 일대일로, 소그룹으로, 또 집회에서 임마누엘 일기쓰기를 소개해 왔다. 그리고 하나님이 이 도구를 사용하셔서 우리가 그리스도 안에, 그리스도가 우리 안에 계심을 인식하며 살아가도록, 즉 다시 말해 사람들로 하여금 의식적으로 하나님의 임재를 인식하며 성장해 가도록 돕는 것을 목도해 왔다.

우리는 하나님의 사랑이 끊임없이 자신에게 공급됨을 알 때, 다른 사람을 사랑할 수 있다. 이럴 때에 근심 걱정에 쏟던 에너지를 하나님을 사랑하고 사람들을 사랑하며 사람들이 하나님을 알도록 돕는 데 쏟을 수 있다. 이 모든 것은 하나님이 우리를 사랑하시며 돌보신다는 것을 경험으로 깨달았기 때문에 가능해진다. 하나님과 끊임없이 대화할 때, 우리는 우리가 사랑을 받은 것처럼 다른 이들을 사랑할 수 있는 사람이 된다.

하나님이 진정 우리와 동행하신다는 진리를 깨달았을 때에 우리가 경험했던 자유를 이제 당신도 경험하게 될 것이라고 생각하니 한없이 기쁘다. 많은 사람들이 하나님과의 친밀한 삶을 갈망한다는 사실에 가슴이 벅차다. 당신도 우리처럼 임마누엘 일기쓰기를 통해 삶의 변화를 경험하기를 기도한다.

chapter 02

당신의 '임마누엘 시력'을 점검하라

"임마누엘 시력은 하나님이 당신과 늘 함께 하시며 당신을 위해 끊임없이 선을 행하고 계신다는 것을 인식하는 것이다. 지금 당신의 임마누엘 시력을 점검하라."

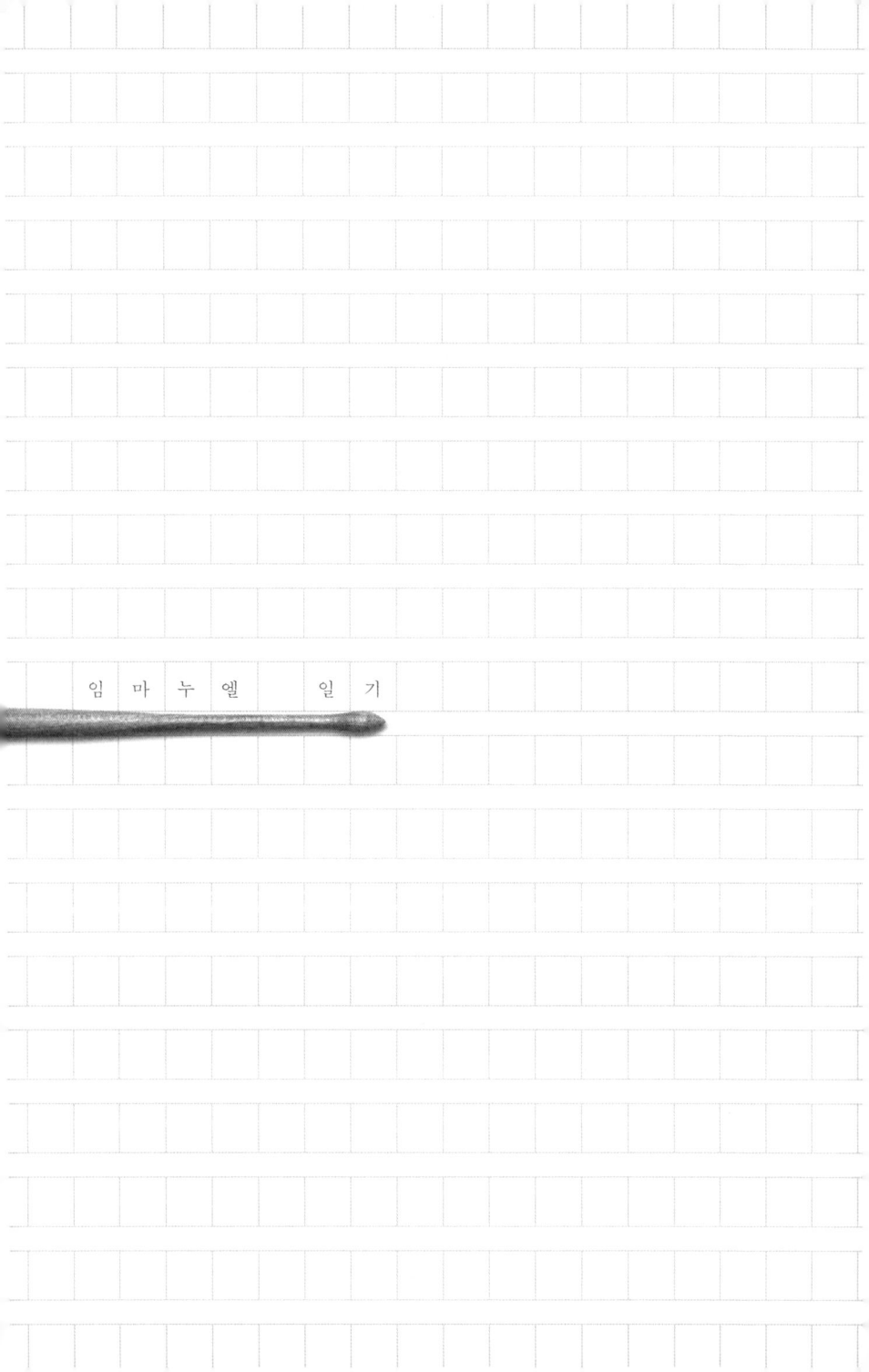

임마누엘 일기

하나님은 그분의 형상을 따라 우리를 '관계 지향적 존재'로 지으셨다. 삼위일체 안에 관계가 있고, 삼위일체 간의 '관계 공용어'는 '사랑'이다. 사랑 안에서 하나님과 교류하고, 또 공동체 안에서 형제자매들과 교류할 때 우리의 삶은 풍성해진다. 성경은 하나님이 족장들과 선지자들, 그리고 백성들과 함께 하시며 그들을 직접 인도하셨음을 일깨워 주는 이야기들로 가득하다. 이 진리는 성육신하여 이 땅에 오신 예수님의 삶에서 가장 극명하게 드러난다. 임마누엘(우리와 함께 하시는 하나님) 예수님은 이 땅에서 사람들과 함께 살기 위해 아기로 태어나셨다. 예수님은 우리에게 하나님과 함께 하는 삶이 무엇인지 보여 주셨다. 성경 학자들은 이를 '삶의 임마누엘 원칙'이라고 부른다.

대부분의 크리스천들이 '하나님이 우리와 함께 하신다'는 것에 동의하리라 확신한다. 그리스도 안에 거하는 것은 선한 삶의 방식, 나아가 최상의 삶의 방식이다. 우리가 일상에서 어떤 열매를 맺고 있는지 살펴볼 때, 우리는 우리가 그리스도 안에 거하고 있는지 그렇지 않은지를 알 수 있다. 우리는 간혹 하나님의 성품을 잘못 이해함으로써 임마누엘의 삶을 즐기지 못할 때가 있다. 하나님은 자신이 선하신 분이심을 말씀과 예수님의 삶을 통해 우리에게 보여 주신다. 하나님은 언제나 우리와 함께 하기를 즐거워하시며 우리의 약함을 부드럽게 어루만져 주신다. 또 하나님은 우리의 유익을 위해 적극적으로 일하신다. 다시 말해 하나님은 선한 마음으로 우리와 함께 계시는 것이다.

우리가 가지고 있는 트라우마나 삶에서 느끼는 실망감으로 인해 하나님의 성품에 대해 왜곡된 관점을 가지고 있다고 생각해 보자. 이럴 경우, 항상 함께 계셔 우리 삶의 일거수일투족을 보고 계시는 하나님의 존재는 우리를 숨막히게 할 뿐 아니라 우리 속에 사랑과 신뢰보다는 두려움을 자극하게 될 것이다.

임마누엘 시력(iSight)

우리는 하나님이 언제나 우리와 함께 하기를 즐거워하신다는 진리를 경험할 때에야 비로소 하나님의 선하심을 진정으로 인식하게 된다. 우리가 어떤 상황에 있든 하나님은 우리의 약함을 부드럽게 감싸 안아 주시며 우리의 유익을 위해 일하고 계심을 보여 주신다. 하나님이 우리와의 관계 속에서 항상 함께 하심을 인식하는 것이 얼마나 중요한지 보여 주기 위해 저자들은 '임마누엘 시력'(Immanuel Sight: iSight)라는 용어를 사용한다. 임마누엘 시력이란 하나님이 우리와 늘 함께 하시며 우리를 위해 끊임없이 선을 행하고 계심을 인식하는 것이다.

물론 관계를 위해 지음 받았다고 해서 모든 만남과 관계가 우리에게 도피처가 되어 준다는 의미는 아니다. 살면서 자신을 사랑해 주고 양육해 준 사람들이 많았다면, 다른 사람들과 잘 교감하고, 그들을 위로와 도움을 줄 수 있는 존재로 인식하기가 수월하다. 반면, 가장 가까운 이들과의 관계에서 고통과 어려움을 경험했다면, 다른 사람들과 궁극적으로는 하나님과 친밀한 관계를 맺지 못한다. 우리 중에는 임마누엘 시력이 약하거나 부족하여 교정이 필요한 이들이 있다. 많은 크리스천들이 하나님을 사랑하고 의지하는 대신 근근이 버티는 수준으로 살아가는 이유도 약한 임마누엘 시력에서 찾아볼 수 있다. 우리 속에 참된 임마누엘 시력이 생길 때에야 비로소 우리는 하나님과 함께 하는 풍성하고 찬란한 삶을 경험할 수 있게 될 것이다.

자신의 임마누엘 시력이 나쁘다는 것을 발견하고 낙담하는 이들도 있다. 그러나 현재의 임마누엘 시력과 상관없이 하나님은 우리가 있는 이 자리에서 우리를 만나 주신다. 예수님은 제자들과 3년을 함께 하셨다. 제자들은 수많은 기적을 직접 보았고 예수님의 무조건적인 사랑을 느꼈으며 심지어 부활하신 예수님도 만났다. 그럼에도 불구하고 그들은 오순절 성령님이 임하시고 나서야 주님의 부활을 확신했다. 위로의 영(우리를 예수님께로 인도하시는 우리의 중보자)은 지금 이곳에 우리를 위해 계시며 항상 믿는 자들의 임마누엘 시력을 강하게 해 주신다. 우리 모두를 지금의 모습 그대로 나아오라고 초청하신다. 우리의 임마누엘 시력이 왜곡됐든 약하든 아예 존재하지 않든 우리 눈을 열어 선하신 하나님을 알아보게 하시는 분은 하나님이시다. 우리는 우리 삶을 겸손히 하나님께 열어 드리기만 하면 우리를 위해 이곳에 계신 하나님을 만날 수 있다.

　여기 좋은 소식이 있다. 우리는 하나님과의 교류를 통해 발전하고 강해지며 심지어 우리의 임마누엘 시력을 교정할 수 있다. 최근 과학계에서 인간의 뇌가 사랑이 넘치는 상호적인 관계 속에서 작동하도록 지어졌다는 것을 발견하는 사례가 늘고 있다. 인간은 우리가 사랑하고 우리를 사랑하는 사람들과 교감할 때 꽃을 피운다. 고통스런 과거의 경험 때문에 하나님의 선하심을 신뢰하기 어렵다면, 하나님과의 긍정적 교류가 임마누엘 시력을 회복하도록 우리 뇌를 재정비시켜 준다. 안전한 사람들과의 사랑의 교감 속에서 우리는 하나님이 지으신 본연의 존재가 되어간다. 신경학자들은 우리가 어떤 식으로 행동할지를 관장하는 전두엽 피질의 해당 부분이 사랑의 관계 속에서 영양분을 가장 잘 공급받고 발달한다는 사실을 규명해내었다. 이러한 교감을 통해 우리는 하나님이 본래 뜻하신 참 자아를 찾아가게 된다. 사랑의 교감을 통해 의미 있는 관계를 맺고, 뇌와 생각을 발달시켜 성공에 이르게 되는 것이다.

교감의 질과 양이 관계의 힘을 결정짓는다

우리는 관계를 어떻게 정의하는가? 서구 문화에서는 '관계'라는 단어를 참 많이 사용한다. 관계를 중시하고 '관계를 위해 노력'하는 데 높은 가치를 부여한다. 그러나 관계라는 단어의 일반적인 의미는 이해할지 모르겠지만 진정한 의미는 상실한 듯하다. '관계'를 어떻게 정의하는 게 좋을지 공부하던 중에 관계를 정의해 놓은 사전적 의미 중, 두 가지 정의가 눈에 띄었다. 하나는 혈연 또는 결혼을 통해 맺어진 사람들 간의 연결성이라고 정의하고 있었고, 또 다른 하나는 연결된(교감하는-역자 주) 상태라고 정의하고 있었다.

우리는 우리가 가족이라 부르는 사람들과 연결되어 있다. 혈연으로 혹은 결혼으로 이들과 한데 묶여 있는 것이다. 뿐만 아니라 우리는 타인들과 지속적이고 의미 있는 교감을 맺기도 한다. 이러한 사람 간의 교감은 약할 수도, 강할 수도, 그 중간일 수도 있다.

애나와 그녀의 어머니와의 관계가 좋은 예이다. 애나는 혈연으로 어머니와 연결되어 있으며 이 관계는 앞으로도 변하지 않을 것이다. 하지만 애나가 일곱 살 때 어머니가 그녀를 버리고 떠났다. 이후 더 이상 두 사람은 함께 살지 않았기에 둘 사이의 관계는 매우 약한 상태였고, 함께 보낸 짧은 시간도 부정적인 교류로 가득했다. 여기에서 애나와 어머니의 교감이 약한 이유를 찾아보자. 두 가지를 꼽자면 하나는 교류의 빈도가 낮았다는 것이고, 또 다른 하나는 교류의 질이 좋지 않았다는 것이다. 애나와 어머니 사이에 교류의 빈도와 질이 높았더라면 두 사람은 강하게 교감했을 것이다. 두 사람 사이에 부족한 이 두 가지 요소를 이해하는 것은 우리로 하여금 하나님과의 관계를 개선하는 데 큰 도움을 줄 것이다.

연습

실뭉치를 들고 있다고 가정해 보자. 당신은 실뭉치의 한쪽 끝을 잡고 상대방에게 그것을 던진다. 그러면 상대방이 그 실뭉치를 받아서 한쪽 끝을 잡고 다시 당신에게 그것을 던진다. 실뭉치가 이리저리 움직이는 동안, 두 사람을 연결하는 실은 점점 굵어지고 강해진다. 이것이 교류를 통한 관계 성장의 비유이다.

탯줄과 예수 그리스도의 보혈

태아는 엄마의 배 속에서 탯줄을 통해 양분을 공급받고 성장한다. 아기는 탯줄을 통해 성장에 필요한 양분과 산소를 공급받는다. 두 사람에게 필요한 모든 것이 탯줄에 담겨 있다. 그러나 아기가 배 속에서 나오면 탯줄을 자른다. 그러면 아기는 어떻게 살 수 있을까? 아기의 필요는 부모와 주위 사람들과의 다양한 교류를 통해 충족된다. 아기는 울음소리로 자신의 필요를 전달하고, 그 울음소리를 듣고 아기를 돌보는 사람들은 아기를 먹이고 씻기고 입히고 달래고 재우려고 최선을 다하기 때문이다.

하나님과 우리의 관계도 이렇게 이해할 수 있다. 배꼽이 우리가 한때 우리 생명을 지탱해 준 존재, 즉 어머니에게 연결되어 있었음을 상기시켜 주듯이, 그리스도의 십자가는 우리가 하나님의 가족이 되었을 때, 그리스도가 흘리신 보혈을 통해 우리가 그분과 영원히 연결되었음을 끊임없이 일깨워 준다. 크리스천이라면 주님께서 십자가에서 이루신 일로 말미암아 우리가 하나님과 연결되었고, 그래서 십자가가 우리에게 개인적인 의미를 지닌다는 데에 모두 동의할 것이다. 이 사실을 깨닫고 그리스도를 따르겠다는 결정을 내리는 것을 일컬어 '거듭남'의 경험이라고 부른다. 아기가 세상에 태어나는 것처럼 거듭남도 한 번의 관계적 사건에 해당한다. 우리는 주님과 주기적으로 교류함으로써 이 교감과 관계를 강화해야 한다. 갓난아기처럼 하나님과 그분의 백성과 교류함으로써 성숙에 필요한 양육을 계속 받아야 하기 때문이다.

당신은 고아원에 있는 아기들이 육체의 필요가 채워졌음에도 불구하고 사람의 손길과 교류가 제한적이거나 아예 없어서 죽어간다는 이야기를 들어본 적이 있을 것이다. 이들은 살더라도 정신적으로 고통을 당한다고 한다. 이처럼 아기가 부모나 보호자와 사랑으로 꾸준히 교류하지 않으면 제대로 발달할 수 없고, 심지어 생명까지 위험해질 수 있다는 연구 결과는 일일이 인용하기도 어려울 만큼 많다. 하나님은 우리가 하나님, 그리고 타인과 사랑의 교류를 계속할 때 성장하도록 우리를 지으셨다.

하나님과의 관계를 키워가기 위해서 우리 각자는 분명한 목적을 가지고 이 교류에 적극 참여해야 한다. 실뭉치의 비유를 하나님과 우리 관계에 빗대어 생각해 보자. 하나님께 감사를 표현하는 것은 우리가 하나님께 실뭉치를 던지는 것과 같다. 어떤 때는 하나님께 도움을 구하고 부르짖으면서 우리는 하나님께 실뭉치를 던진다. 하나님이 우리의 감사나 부르짖음에 부드럽고 친절하게 응답하심으로써 우리에게 실뭉치를 다시 던지실 때, 그분과 우리 사이의 교감은 강화된다. 하나님은 우리와의 관계에서 당신이 먼저 이런 교류를 시작하신다. 먼저 실뭉치를 우리에게 던지시고 나서 우리가 그분께 실뭉치를 다시 던지기를 기다리신다. 우리가 약해서 실뭉치를 던질 수 없을 때는 하나님의 영이 우리를 도와주신다. 결코 우리를 포기하지 않으시고 끝까지 우리를 위해 일하신다.

마가복음에 나타난 예수님의 명령대로 사는 삶은 과연 우리의 노력을 통해 이루어지는 것일까? 아니면 하나님과의 교류를 통해 가능해지는 것일까?

> "첫째는 이것이니 이스라엘아 들으라 주 곧 우리 하나님은 유일한 주시라 네 마음을 다하고 목숨을 다하고 뜻을 다하고 힘을 다하여 주 너의 하나님을 사랑하라 하신 것이요 둘째는 이것이니 네 이웃을 네 자신과 같이 사랑하라 하신 것이라 이보다 더 큰 계명이 없느니라" 마가복음 12:29-31.

하나님을 사랑하고 이웃을 나 자신과 같이 사랑하는 것이 가장 큰 계명이다. 또한 우리는 이 계명에 순종하여 이 세상의 빛과 소금이 되라고 부름 받았다. 하지만 우리의 의지만으로는 불가능하다. 그래서 예수님은 제자들에게 말씀하셨다.

"나는 포도나무요 너희는 가지라 그가 내 안에, 내가 그 안에 거하면 사람이 열매를 많이 맺나니 나를 떠나서는 너희가 아무것도 할 수 없음이라 사람이 내 안에 거하지 아니하면 가지처럼 밖에 버려져 마르나니 사람들이 그것을 모아다가 불에 던져 사르느니라 너희가 내 안에 거하고 내 말이 너희 안에 거하면 무엇이든지 원하는 대로 구하라 그리하면 이루리라 너희가 열매를 많이 맺으면 내 아버지께서 영광을 받으실 것이요 너희는 내 제자가 되리라" 요한복음 15:5-8.

우리 내면의 깊은 확신을 삶으로 살아 낼 수 있는 유일한 방법은 성령님을 통해 하나님 아버지와의 친밀한 교감을 키워 가는 것뿐이다. 우리가 하나님과 생각을 맞추는 것이 그분의 명령을 성취하고 번성하는 유일한 길임을 전심으로 믿는다. 하나님과 당신과의 관계, 또 그분과의 교감이 성령의 열매를 키워 가는 힘이 되고 있는가? 하나님과의 교류의 결과로 당신의 삶이 자연스럽게 하나님과 다른 이들을 향한 사랑으로 가득 차오르는가? 이 질문에 대한 대답이 '아니오'라면 성령님은 당신의 생각을 하나님과 연결시키는데 시간과 에너지를 투자하라고 초대하실 것이다.

  이 책에서는 하나님과 우리, 그리고 우리와 다른 사람과의 관계에서 사랑의 교류가 일어나도록 도와줄 두 가지 기술을 소개하고자 한다. 첫째는 '감사로 교류하기'이고 둘째는 '하나님과 생각 맞추기'이다. 이 두 가지 기술을 연습하고 실천하면 임마누엘 시력이 생기고 강화되며 교정되는 것을 경험하게 될 것이다.

chapter 03

감사를 통해
임마누엘로 들어가라

"감사는 하나님의 임재를 느끼게 해 주는 비밀번호이다. 그 이유는 하나님께서 우리에게 감사하라고 거듭 말씀하셨기 때문이다. 감사는 임재로 들어가는 가장 빠른 길이다."

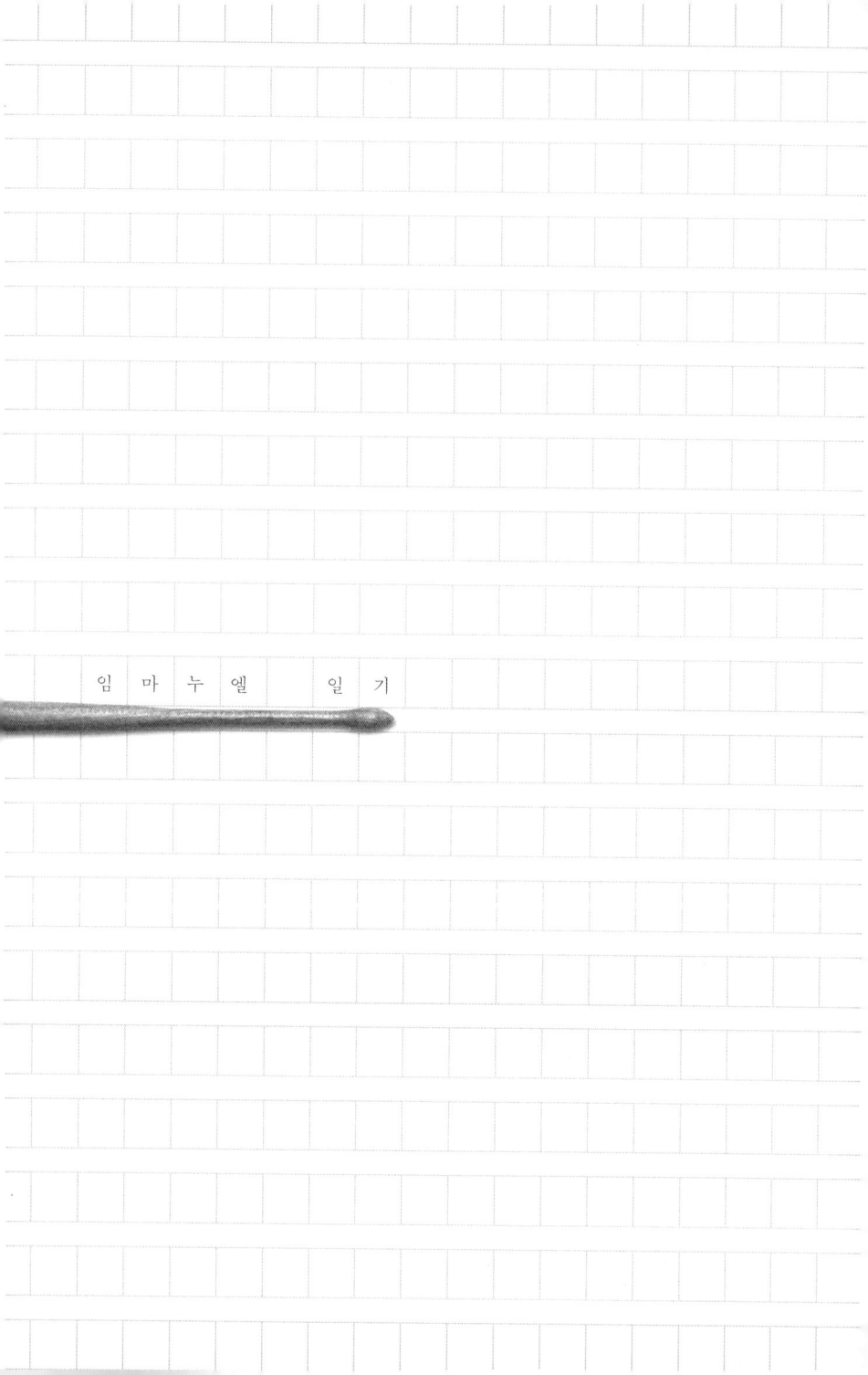

임마누엘 일기

우리는 하루 24시간 1년 365일 인터넷 접속이 가능한 시대를 살고 있다. 우리 눈에 보이지는 않지만 무선 기술이 우리 삶 깊숙이 파고들어 손가락 하나만 움직이면 인터넷과 클라우드에 접속하고 가상 세계를 여행할 수 있다. 물론 가상 세계의 자원을 활용하려면 정확한 아이디와 비밀번호를 입력해야 한다. 이와 마찬가지로 보이지는 않지만 무궁무진한 하나님의 세계가 존재한다. 우리는 그 세계를 통치하시는 하나님과 관계를 맺고 그분과 대화하며 그분을 깊이 즐거워할 수 있다. 비록 보이지는 않지만 크리스천들에게는 실재하는 하나님의 사랑의 임재에 들어갈 수 있는 특권이 있다.

감사, 임마누엘로 들어가는 비밀번호

감사는 하나님의 임재로 들어가는 문을 열어 준다. 감사는 하나님의 임재를 인식하게 해 주는 비밀번호와도 같다. 그 이유는 감사가 하나님과의 교감으로 가는 가장 쉽고 빠른 길이며, 성경 곳곳에서 지혜의 근본이신 하나님이 우리에게 감사하라고 거듭 말씀하고 계시기 때문이다.

임마누엘은 하나님이 항상 우리와 함께 하시며 모든 상황에서 우리와 교류하기를 원하신다는 뜻이다. 하지만 우리는 종종 이 진리를 잊거나 제대로 인식하지 못한다. 하나님이 분명히 임재하시고 우리와 교감하기를 바라심에도 불구하고 삶에 어려움이 닥치면 우리의 인식이 둔해지기 때문이다. 불쾌한 감정의 강도가 높아지면 그러한 감정에 압도되기도 한다. 우리 뇌는 슬픔, 분노, 두려움, 수치심, 절망, 혐오감과 같은 여섯 가지 부정적인 감정들을 느끼도록 만들어져 있다. 그러나 감사를 느낄 수 있으면 이러한 크고 불쾌한 감정들이나 다른 형태의 고통이 밀려와도 우리 생각은 곧 하나님과의 좋은 관계로 돌아갈 수 있다.

부정적인 감정이나 고통에 휩쓸리게 되면 우리는 자연스럽게 자신보다 정서적으로 성숙한 사람을 찾아 도움을 구하게 된다. 이런 면에서 보면 고통의 때가 하나님을 찾는 좋은 때라고 말할 수 있다. 그런데 문제는 고통스런 감정에 휩싸여 있으면 하나님의 임재를 인식하기 매우 어렵다는 데 있다. 하나님과의 교류는 하나님의 임재를 인식할 때만 가능하다. 의지적으로 감사를 연습함으로써 관계를 갈망하는 '마음'을 회복하면 하나님과의 교감이 더욱 즐겁고 수월해진다. 그리고 그 결과 우리는 감사를 더욱 자주 연습하게 된다.

감사를 계속 연습하면, 우리 뇌가 하나님과 교감했을 때 어땠는지를 기억하기 때문에 앞에서 언급한 여섯 가지 부정적인 감정을 경험하고 있을 때에라도 하나님께 돌아가기가 쉬워진다. 하지만 먼저 감사를 표현함으로써 하나님과의 교감을 시작해야 한다. 예수님은 이런 시작을 두 팔 벌려 반기신다.

우리의 뇌는 평생 동안 바뀔 수 있다는 점에서 '유연성'이 있다. 무엇이든 반복적으로 하면 습관이 되고 시간이 지나면서 익숙해진다. 이 진리를 하나님과의 교감을 강화하는데 적용하면 궁극적으로는 하나님이 우리와 함께 하신 흔적과 증거를 찾아보고 깨닫는 일이 우리의 습관이 될 것이다.

감사의 삶을 살아갈 때 따르는 유익은 여기서 그치지 않는다. 심리학, 부부 관계, 양육 및 신체적 건강에 대한 연구에 따르면 감사는 우리 몸과 마음과 관계의 안녕을 증진시켜 준다. 성경은 우리에게 감사하는 삶을 살라고 명한다. 하나님은 우리에게 감사의 삶을 권하시고 더 나아가 명하신다. 자연의 아름다움이나 아기의 미소를 알아보는 것은 하나님을 그 선물의 수여자로 인식하든 안 하든 상관없이 그분의 존재를 인정하는 것이 된다. 이러한 선물을 하나님이 주셨다는 사실을 인정할 때, 우리는 더 깊은 감사의 마음을 갖게 된다. 감사는 하나님과 우리의 관계를 인정하는 것이다.

데살로니가전서 5장 18절은 이렇게 기록하고 있다.

"범사에 감사하라 이것이 그리스도 예수 안에서 너희를 향하신 하나님의 뜻이니라."

범사는 모든 상황을 뜻하므로 하나님께서 우리에게 모든 상황에 감사하라고 명하신 것이다. 우리는 감사를 통해 항상 우리와 함께 하시는 임마누엘의 하나님을 인식하게 된다. 어려운 중에 감사하면 임마누엘 시력이 생긴다. 만약 임마누엘 시력을 강화하고 싶다면, 어려울 때보다는 기쁠 때 감사 연습을 시작하기를 권한다. 이렇게 감사를 연습해나가면 언젠가 어려울 때에도 감사할 수 있게 될 것이다.

「임마누엘 나누기」(Share Immanuel)라는 책을 보면 치유를 구하는 과정에서 하나님의 선하신 임재를 감지하는 것이 왜 도움이 되는지를 분명하게 설명해 준다. 이 책의 저자 짐 와일더와 크리스 코시는 우리 뇌가 트라우마에 영향을 받으면 그것을 강렬한 정서적 신호로 기록하고, 이 신호들은 뇌의 기능을 방해하면서 계속 재생된다고 설명한다. 하나님께 사랑을 받은 기억이 전무하다시피한 상황에서 트라우마까지 생기면 그 자리에 약함이 생겨난다. 저자들은 이렇게 밝힌다.

"강렬한 트라우마의 기억과 미약한 하나님의 임재 기억이 만나는 때만큼 인간의 약함이 극명하게 드러나는 경우는 없다"(와일더, 2010).

우리는 트라우마로 인한 고통에서 자유로워지기를 바라고 그것을 해결하기 위해 온 에너지를 쏟는다. 하지만 우리가 하나님의 선하심을 기억할 때에 사랑 받고 있음을 느끼게 된다는 사실은 종종 놓치거나 간과해버린다. 하나님의 선하심을 깨닫고 하나님의 선물을 인정하면 우리의 '임마누엘 계좌'에 그 만큼의 금액이 입금된다. 반대로 삶의 고통스런 사건들에 집중하면 그 계좌에서 그 만큼의 금액이 인출된다! 그렇기 때문에 우리는 고통스런 상황을 포함해 모든 상황에서 임마누엘을 습관적으로 인식하도록 우리 뇌를 강화해야 한다. 그러기 위해서는 날마다 하나님의 선하심을 인정하는 연습을 해야 한다. 정기적으로 감사를 연습하면 임마누엘 시력이 강화될 것이다.

감사로 교류하기

관계 속에서의 교감을 강화시키는 감사의 긍정적 영향을 바탕으로 '감사로 교류하기'라는 기술이 개발되었다. 감사로 교류하기에는 두 가지 부분이 있는데, 첫째는 하나님께 감사하는 것이고, 둘째는 우리의 마음을 고요히 가다듬고 하나님이 우리에게 어떻게 반응하시는지를 감지해 보는 것이다.

임마누엘 일기쓰기를 통해 우리는 감사로 교류하기를 배울 것이다. 하나님과의 교류의 내용을 기록하는 것은 우리로 하여금 임마누엘 시력을 개발하고 강화시키는데 도움이 된다. 하나님과 우리 사이의 상호 교류가 일어난다는 면에서 '감사로 교류하기'는 우리가 보통 말하는 '감동의 순간들'이나 '감사를 드리는 것'과는 큰 차이가 있음을 이해해야 한다.

우리의 감사에 대한 하나님의 반응은 감사로 교류하기의 핵심적인 부분이다. 하나님의 반응이 없다면 우리는 하나님과 교감할 수 없다. 앞서 언급한 대로 두 존재 간의 유대를 강화하기 위해서는 두 가지 요소가 필요하다. 첫째는 교류의 질을 높이는 것이고, 둘째는 빈도를 늘리는 것이다. 그렇다고 해서 우리가 하나님과의 교류 가운데 여섯 가지 부정적인 감정을 회피해야 한다고 말하는 것은 아니다. 사실 여섯 가지의 부정적인 감정을 경험할 때에도 하나님이나 타인과 조율된 교류(attuned interaction)의 시간을 갖게 되면 유대감이 커지게 됨을 알 수 있다. 어떻게 하나님과 조율된 교류를 하는지는 4장에서 설명하도록 하겠다.

많은 사람들이 기도는 하나님과의 대화라고 정의한다. 맞다. 그러므로 감사로 교류하기도 일종의 하나님과의 대화라고 할 수 있다. 참 간단하게 들린다. 하지만 수많은 크리스천들이 여전히 하나님과 진정한 대화를 하지 못하고 독백만 쏟아내는 것은 왜일까? 우리가 하나님께 우리의 생각은 이야기하지만, 하나님의 반응에는 귀를 귀울이지 않기 때문이다. 그러면 하나님과 친밀함을 누릴 수 있는 복된 기회를 놓쳐 버리고 만다.

하나님의 음성을 듣기 위해 귀를 기울이는 법을 배워야 하는 이유는 하나님과 더 깊은 친밀함을 누리기 위해서이다. 우리가 기도할 때 하나님의 음성에 귀를 기울이면 하나님은 어떤 상황에서든 우리의 처한 상황에 대해 친밀하게 말씀해 주신다. 그리고 우리는 하나님의 음성을 통해 그분과의 관계 속에 우리가 어떤 자리를 차지하고 있는지 분명히 확인하게 된다. 즉, 하나님을 더욱 신뢰하게 되고 그분과 교류하면서 하나님 나라와 그분의 마음에 우리가 어떠한 자리를 차지하고 있는지 보다 민감하게 인식하게 되는 것이다.

우리는 우리가 처한 상황, 또 그 상황과 관련된 사람들, 그리고 세부적인 부분에 대해 하나님이 어떻게 생각하고 계신지 들을 수 있다. 그런데 왜 실제로는 하나님의 음성을 듣지 못하는 것일까? 그것은 우리가 듣는 기술을 익히지 못했거나 심지어는 아예 배우지 못했기 때문이다. 주위가 산만하거나 고통스러울 때는 가만히 앉아 있기조차 힘들다. 주변에 대해 무감각해지거나 하나님이 무슨 말씀을 하실까 두렵기 때문에 사실 그분이 말씀하신다 해도 듣고 싶지 않을 때도 있다. 또 눈에 보이지 않는 하나님을 신뢰하기가 힘들기에 우리는 듣는 것을 두려워한다.

어떤 전통에서는 기도를 크고 빠른 속도로 함으로써 자신 속에 있는 불안을 덜어내기도 한다. 그래서인지 어떤 이들에게는 그것이 하나님과 소통하는 유일한 방법인 것처럼 보이기도 한다. 듣지 않고 말만 하면 일시적인 안도감은 들지 모르겠지만 샬롬은 찾아오지 않는다. 그것은 불안감에 찌든 마음의 표현일

뿐이다. 물론 하나님은 자비하시기에 우리가 그런 방식으로 기도해도 응답해 주신다. 하지만 우리가 오직 그런 방식으로만 하나님과 대화하고 있다면 뭔가를 놓치고 있는 것이다. 바로 하나님은 모든 상황 속에서 평강을 주시는 분이라는 사실과 우리가 결코 혼자가 아니라는 사실을 말이다. 그것은 진정한 변화의 기회를 놓치고 있는 것이고, 또 우리를 향한 하나님의 마음을 놓치고 있는 것이다.

감사로 교류하기는 무력한 기도 생활에 긍정적 변화를 가져다주는 쉽고 빠르고 안전한 방법이다. 뿐만 아니라 치유를 촉진하고 우리의 임마누엘 시력을 회복시켜 준다. 때로 하나님은 우리를 즉각적으로 치유해 주시기도 하지만 대개 치유는 우리가 하나님과, 그분의 백성과 사랑의 교류를 연습할 때 일어난다.

다음은 감사로 교류하기에 대한 저자 존의 고백이다.

나의 평일 아침은 아이들을 학교에 데려다주면서 시작된다. 출근길에 나는 늘 선택의 기로에 선 나를 발견한다. 그것은 그날의 일을 바로 시작할 것인지, 직장에서 다른 사람과 이야기를 하면서 에너지를 얻을 것인지, 아니면 잠시 멈추고 하나님과 교류할 것인지에 대한 선택의 기로를 말하는 것이다. 아침마다 나는 이 세 가지 중 무엇이 가장 생산적인 하루를 보내게 해 줄지 저울질하며 무엇을 선택해야 할지 고민한다. 업무 시작 전에 교감할 사람을 찾아보기도 한다. 관계적 교감이 하루를 살아갈 연료를 공급해 주기 때문이다. 하지만 이런 교감이 항상 가능하지도 않고 언제나 도움이 되는 것도 아니다. 때론 어떻게 하면 최대한 많은 업무를 처리할 수 있을지 고민하면서 바로 일을 시작하기도 한다.

지난 몇 년간 기도하며 예수님과 하루의 우선순위를 정하는 습관을 들였다. '나의 일용할 양식'이라고 부르는 습관이다. 우선순위를 정하기 전에 먼저 감사로 교류하기를 한다. 매일 감사를 드리고 난 후 임마누엘의 하나님이 무엇이라고 말씀하시는지 잠시 멈춰 듣기로 한 나의 결심이 내 하루하루를, 나아가 내 삶을 완전히 바꿔놓았다. 감사를 드림으로써 예수님과 교류하면, 만유의 창조주와 개인적으로 교감하는 관계 지향적 마음으로 하루를 시작할 수 있게 된다. 나를 이해하고 내 생각을 공유하며 내 감사 제목을 아는 친구와 하루를 시작하게 되는 것이다.

나는 하나님과 감사 제목뿐 아니라 우리가 오늘 함께 무엇을 할 수 있는지도 이야기한다. 예수님과 교류하며 하루를 시작하는 날은 더 안정감이 있고 관계의 결실도 더 많이 맺힐 뿐 아니라 더욱 생산적이 된다. 반대로 바로 일을 시작하는 날은 주의가 산만해지기 쉽다. 내 업무와 큰 관계가 없는 기사에 시선을 빼앗기거나 다른 '흥미로운' 것들에 주의가 흐려지기 십상이다. 또한 우선순위로 삼은 업무에 온전히 집중하지 못하는 경우가 많았다. 그러나 감사로 교류하기로 하루를 시작하면서부터 사람들과의 관계가 개선됨은 물론 나의 삶에 더 많은 결실이 맺혀졌다. 나의 친구 임마누엘(예수님)에게 진심으로 감사드린다.

하나님의 반응에 대한 우리의 인상 기록하기

감사로 교류하기의 첫 단계는 하나님께 소리 내어 감사를 표현하는 것이고, 그 다음 단계는 하나님이 어떻게 생각하시고 무엇이라 말씀하시는지 받은 인상을 기록하는 것이다. 그런데 하나님이 무엇을 말씀하고 계신지 우리의 인상을 기록하려 할 때마다 많은 의문이 든다. 다음은 그 예이다.

- 하나님의 반응에 대한 나의 인상이 내 상상이거나 내가 듣고 싶었던 이야기가 아닌지 어떻게 확신할 수 있을까?
- 이 생각들이 사탄의 거짓말은 아닐까?

- 하나님은 오직 성경을 통해서만 말씀하신다고 하지 않았는가?

하나님께 들을 답을 내가 미리 정해 놓고 있다는 생각을 하면 하나님의 반응을 기록하기가 힘들다. 그러면 하나님께서 하시는 말씀을 제대로 이해하지 못할 수 있다. 하지만 하나님이 우리를 인도하시기 위해 하시는 말씀을 이해하고 싶어 하지 않거나 아예 시도조차 하지 않는다면 그것은 더 위험한 일이다. 우리 생각과 하나님의 생각이 맞춰지면 우리가 궤도에서 벗어나지 않고 계속 하나님의 음성을 들을 수 있도록 하나님의 성품이 우리 곁에 안전망을 쳐 주신다. 하나님의 성품은 그리스도(하나님의 살아 계신 말씀)와 성령, 믿는 형제자매와 샬롬의 임재, 그리고 우리가 맺는 열매를 통해 드러난다.

그런데 우리가 주님께 받은 인상을 기록할 때, 그것은 하나님의 음성을 귀로 직접 듣고 그대로 적는 것이 아님을 명확히 해야겠다. 보통 우리는 하나님과 사고 공유 상태를 만듦으로써 '하나님과 생각 맞추기' 시간으로 들어간다. 사고 공유 상태는 우리의 생각을 하나님이 보시는 방향과 방식에 맞춰 준다. 또한 우리 속에 있는 하나님의 생각과 맞지 않는 것이 있다면 그것을 알아차리게 해 준다. 우리는 분명 하나님이 우리에게 말씀하시는 방식을 제한하지 않으시기를 원한다. 하지만 대부분이 우리의 인상을 통해 우리를 향한 하나님의 반응을 전달받게 된다.

하나님의 응답에 대한 인상을 기록한 후에는 다시 하나님의 성품에 비추어 우리의 인상을 점검해야 한다. 하나님의 성품은 성경에 기록된 하나님 자신에 대한 그분의 말씀을 통해 점검할 수 있다. 성경 전체가 하나님의 성품을 드러내고 있다. 하나님이 우리에게 무엇이라고 말씀하시는지에 대한 우리의 생각은, 말씀을 통해 드러난 하나님의 생각과 성품과 맞아야 한다. 사랑(고전 13장), 성령의 열매(갈 5:22-23), 산상수훈에 나타난 태도(마 5-7장)에 비추어 우리가 받은 인상을 점검해 봐야 한다. 하나님의 반응에 대한 인상이 하나님의 성품과 일맥상통하면 우리가 기록한 인상을 주신 분이 하나님이심을 알 수 있다. 이러한 교류에서 오는 평강과 소망 또한 하나님이 주시는 것이다.

자신의 상상이었는지, 아니면 사고 공유 상태였는지를 알고 싶다면, 하나님의 성품이 왜곡되게 드러나지는 않았는지와 마음에 평강이 없었는지를 점검하면 곧 확인할 수 있다.

물론 우리의 인상이 틀릴 수도 있다. 우리는 유한한 존재이고, 우리의 생각은 왜곡되어 있을 때가 많기 때문이다. 배우자나 가족이 우리에게 하고자 하는 말에 대해 우리의 인상이 틀릴 수 있듯이 하나님이 하시는 말씀에 대한 우리의 인상도 틀릴 수 있다는 사실을 인정하는 여유가 있기를 바란다. 그러나 틀릴 수도 있다는 이유 때문에 사랑하는 사람들의 말을 이해하려는 노력을 중단해서는 안 된다.

우리가 한자리에서 한꺼번에 마음속에 있는 것을 모두 나눌 수 없듯이, 한자리에서 하나님이 우리에게 나누시려는 말씀을 모두 다 들을 수는 없다. 그러므로 생명력 있는 관계를 유지하기 위해서는 지속적인 교류가 필요하다. 사실 부부 관계와 같은 인간관계에서도 종종 오해가 생겨나 서로 다시 묻고 확인하는 과정이 필요하지 않는가! 이런 과정을 통해 관계는 성장하고 제대로 작동하게 된다. 하나님과도 마찬가지이다. 하나님은 우리의 이해력을 사용하신다. 때때로 초자연적인 통찰력을 주기도 하시지만, 대개는 우리가 성장하고 성숙해 가면서 하나님께 더 잘 맞춰지게 된다.

하나님 아버지와 우리의 관계가 살아 숨 쉬는 관계라면, 우리는 때로 하나님을 오해할지라도 그 때문에 그분과의 교류를 중단하지는 않는다. 서로를 완벽하게 이해하지 못할지도 모른다는 두려움 때문에 배우자와의 교류를 중단하거나 배우자에게 아무런 대꾸도 하지 않는다면 어떻게 되겠는가? 관계는 유동적인 것이다. 하나님은 선하시며 언제나 우리를 인도하시니 두려워할 이유가 없다.

하나님과 친밀감을 누리며 성장하는 관계를 맺게 되면, 궁극적으로 하나님과 사고 공유 상태를 갖게 된다. 우리 생각과 하나님의 생각이 하나님과 우리 사이에 물 흐르듯 흐르고, 우리 생각이 사랑하는 그분의 생각을 닮게 된다. 하나님이 좋아하시는 것을 좋아하게 되고 하나님이 사랑하시는 것을 사랑하게 되며 하나님을 슬프게 하는 것들 때문에 슬퍼하게 된다. 그분을 더욱더 닮아가게 된다. 그 이유는 하나님과의 교류가 그분과의 유대를 반영하기 때문이다.

우리와의 교제를 바라시는 살아 계신 하나님은 우리를 사랑하신다. 또한 성령님이 우리를 모든 진리로 인도하실 것과 우리가 전심으로 하나님을 찾으면 찾게 될 것이라고 약속해 주셨다. 그러기에 우리는 하나님이 그 사랑의 진리를 우리에게 드러내어 주실 것을 신뢰하고 믿을 수 있다.

'감사로 교류하기'의 단계
1단계: 내가 하나님께 드리는 감사

지금 잠시 하던 일을 멈추고 기도하며 성령님께 감사의 순간을 떠올려 주시기를 구하라. 머리에 떠오르는 어떤 감사의 기억이라도 좋다. 오늘 일어난 단순한 일일 수도 있고 여러 번 맞닥뜨린 상황일 수도 있다. 감사의 기억이 떠오르면 감사의 제목을 하나님과 대화하는 형식으로 기록해 보라.

이런 감사의 제목(또는 사건)을 주신 하나님께 감사하라. 하나님의 하나님 되심과 하나님이 행하신 일, 하나님이 당신을 어떻게 대하시는지를 인정하고 감사하는 데 집중할 수도 있다. 당신의 감정을 감사로 가득 채우라. 가능하다면 떠올린 감사의 경험을 왜 감사하게 여기는지도 덧붙이라. 아무것도 떠오르지 않는다면 하나님께 감사의 기억을 떠올리기 힘들다고 솔직히 말씀드리고 도움을 청하면서 대화를 시작하라. 대개는 더 이상 앞으로 나아가기 어렵다는 사실을 인정할 때, 결과를 내야 한다는 부담이 줄어든다. 하나님은 우리가 있는 그 자리에서 우리를 만나 주시며 우리가 옴짝달싹 못하는 상황에서 벗어나도록 도와주신다.

사랑하는 하나님,

제가 병이 나서 집에서 나가지 못한다는 사실을 알고 수잔이 학교에서 아이들을 데려와 주겠다고 해 주어서 참 감사합니다. 수잔의 친절을 통해 당신이 언제나 저를 돌보시고 필요를 채워 주신다는 것을 깨닫게 해 주셔서 감사합니다. 하나님 당신은 늘 저를 깊이 생각하시고 제 필요를 염두해 두는 분이십니다.

또한 알리샤가 직접 치킨 스프를 만들어 저희 집까지 가져다주어서 참 감사합니다. 알리샤 덕분에 식사 준비 걱정을 하지 않고 저희 가족도 건강한 식사를 할 수 있었습니다. 친구들이 베풀어 준 친절을 경험하며 하나님이 제 삶에 유익을 주시기 위해 언제나 일하시고 계심을 깨달았습니다.

오늘 아침, 남편이 아이들을 학교에 데려다 주어서 감사합니다. 그는 바쁜 일정 중에서도 제가 몸이 아픈 것을 알고 제 짐을 덜어 주기 위해 아이들을 학교에 데려다 주었습니다. 저를 위해 수고를 마다하지 않는 배려와 자원하는 마음을 남편에게 주셔서 감사합니다.

2단계: 내가 드린 감사에 대한 하나님의 반응

감사의 내용을 다 적었으면 잠시 그 내용을 깊이 묵상해 보라. 그러고 나서 하나님이 '자신에게 들려주시고자 하는 말씀'이 무엇인지 여쭙고 그 내용을 적기 시작하라. 하지만 아직은 생각을 걸러내지 마라. 적어 내려가면서 하나님의 영이 당신을 인도하시도록 하라. 당신이 드린 감사에 대해 하나님이 주시는 반응이라고 느껴지는 것을 적는 데 집중하라. 이것은 하나님의 음성을 듣는 겸손한 시도이다. 당신이 적을 내용은 좋은 부모가 자녀의 감사의 고백에 감동을 받고 자녀에게 전하는 말과 비슷해야 한다.

내 사랑하는 아이야(또는 자신의 이름),
오늘 네가 쉴 수 있었다니 참 기쁘구나. 네 몸은 아팠지만 위로를 주는 좋은 친구들을 통해 네 영이 기뻐할 수 있음을 기억했구나. 수잔과 알리샤를 통해 너를 향한 내 사랑과 돌봄을 깨달았다니 참 기쁘다. 내 배려와 돌봄을 알아주어서 고맙구나. 나는 언제나 너를 돌본단다. 일 때문에 걱정하는 마음을 내가 잘 안단다. 기억하렴! 나는 언제나 너를 돌보고 있단다!

다 적었으면 친구에게나 신뢰할 수 있는 소그룹 모임에서 그 내용을 나누라. 이렇게 나누면 하나님과 우리를 새로운 눈으로 볼 수 있는 기회를 얻을 수 있으므로 다른 이들에게도 복이 된다. 하나님과 교류한 내용을 들을 때, 듣는 사람들도 동일하게 하나님과의 교류를 경험할 수 있게 되기 때문이다. 또한 서로의 이야기를 들을 때, 우리는 감사와 동반하여 임하시는 성령님을 경험할 수 있다. 실제로 우리가 기쁨을 함께 나눌 때, 우리 뇌는 기쁨을 증폭시킨다.

'감사로 교류하기'의 활용
혼자서

감사로 교류하기를 계속해 나가면 임마누엘 시력을 키울 수 있다. 또한 하나님께 감사하는 영적 훈련을 통해 감사로 교류하기의 일기를 쓸 수 있다. 일기쓰기를 지속적으로 하면 하나님의 신실하심, 공급하심, 선하심을 더욱 뚜렷이 볼 수 있다. 그러면 고통 중에서도 하나님의 임재를 보다 자연스럽게 인식하고 누릴 수 있도록 임마누엘 시력이 좋아지고 뇌는 강화된다.

부부 관계에서

감사로 교류하기를 나누는 것은 부부간에 의도적으로 긍정적인 교류를 쌓아가는 간단한 방법이다. 감사로 교류하기를 연습하면 부부간의 유대가 강화되고 상대방이 나를 안다는 느낌이 더욱 깊어진다. 부부가 함께 연습하면 유대감이 강화되고 긍정적인 교류가 증가되며 서로를 하나님의 관점으로 보는 데 도움이 된다.

가정에서

감사로 교류하기에 온 가족이 참여하면 가족의 유대가 강화된다. 감사로 교류하기를 잘 훈련하면 각 가정에서 감사의 문화를 조성할 수 있다. 다음 몇 가지 방식을 제안해 본다.

- 식사 시간에 : 함께 식사할 때 감사하는 시간을 갖는다. 원활한 진행을 위해 특별한 단지(또는 상자)를 만들어 한 주 동안 기록한 감사로 교류하기의 순간을 적은 쪽지를 안에 담는다. 가족이 함께 식사를 하면서 쪽지에 기록된 이야기를 읽고 함께 생각해 본다.
- 잠자리에 들기 전에 : 존과 성심의 가정에서는 잠자리에 들기 전에 꼭 감사로 교류하기 시간을 갖는다. 먼저 간단한 찬양으로 시작한다. "좋으신 하나님"과 같은 찬양은 자녀들도 따라 부르기 쉽다. 가족이 돌아가며 서로를 향한, 예수님을 향한 감사를 표현한다. 예를 들면 이런 식으로 표현할 수 있다.

  - 나는 오늘 씨름하면서 놀아준 아빠에게 감사해요.

- 나는 오늘 축구 연습장에 데려다준 엄마에게 고마워요.
- 나는 오늘 나랑 같이 레고놀이를 해 준 오빠에게 고마워요.
- 나는 오늘 나랑 같이 축구놀이를 해 준 동생에게 고마워요.
- 나는 오늘 엄마가 화났을 때 엄마 마음을 진정시켜 주신 예수님께 감사해요.

모두가 감사를 표현한 후에는 잠잠히 하나님의 말씀을 듣는 시간을 가진다. 그러고 나서 하나님이 각 사람 가운데 귀히 보시는 것이 무엇인지 나누도록 한다. 경청의 시간이 끝나면 한 사람씩 돌아가면서 하나님이 주신 감사의 인상을 나눈다. 예를 들어, 아빠는 하나님이 이렇게 말씀하시는 것 같구나 하고 받은 인상을 나눌 수 있다. "존! 퇴근하고 와서 아이들과 씨름하며 놀아 주어 고맙구나"라고 말이다.

교회 안에서

교회 안에서 감사로 교류하기를 실행할 수 있는 창의적인 방법들이 많이 있는데, 이미 많은 성도들이 이 방법을 사용하여

결실을 거두고 있다. 다음 지침을 따르면 유익하다.

첫째, 감사로 교류하기를 모임의 시작 순서에 포함시키라. 감사하는 마음의 상태에서 하나님의 뜻과 우리를 향한 다른 이들의 선한 의도를 수월하게 인지할 수 있다. 하나님의 선하신 목적을 온전히 인지하는 것으로 모든 모임을 시작하면 난제를 해결하는 과정에서도 관계 지향성을 유지할 수 있다.

둘째, 임마누엘 시력을 키우려는 목적을 가지고 소그룹을 시작하라. 각 구성원이 감사로 교류하기를 기록하고 매일 이메일로 다른 그룹 구성원들과 그 기록을 나눈다. 한 주에 한 번씩 직접 만나 소리 내어 차례로 감사로 교류하기 일기를 읽는다. 서구 문화에서는 신앙과 하나님과의 관계를 지극히 사적이고 개인적인 것으로 간주한다. 하지만 하나님은 우리가 그분께서 행하신 일을 증거하고 그분을 예배하도록 교회를 지으셨다. 이것도 감사로 교류하기의 한 형태이다. 하나님과의 교류 이야기를 들을 때, 다른 이들도 하나님이 주시는 기쁨을 경험할 수 있다.

셋째, 감사로 교류하기를 목양의 도구로 활용하라. 하나님의 지혜를 구하기 위해 목회자나 리더를 찾는 이들이 감사로 교류하기를 통해 하나님으로부터 직접 위로와 도움을 받을 수 있도록 적극 활용한다. 하나님께 직접 도움을 받으면 믿음이 성숙해지고 목회자나 교회의 리더에 대한 지나친 의존에서 벗어날 수 있다. 교회 리더와 목회자들이 직접 모이거나 이메일, 전화, 서신 등을 통해 연습함으로써 감사로 교류하기 과정을 시작할 수 있다.

chapter 04

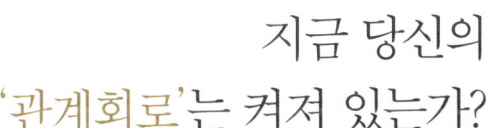

지금 당신의
'관계회로'는 켜져 있는가?

"관계회로가 꺼져 있으면 하나님과 관계를 맺지 못할 뿐
아니라 주변 사람들을 문젯거리로 인식하게 된다.
지금 당신의 관계회로는 켜져 있는가?"

임마누엘 일기

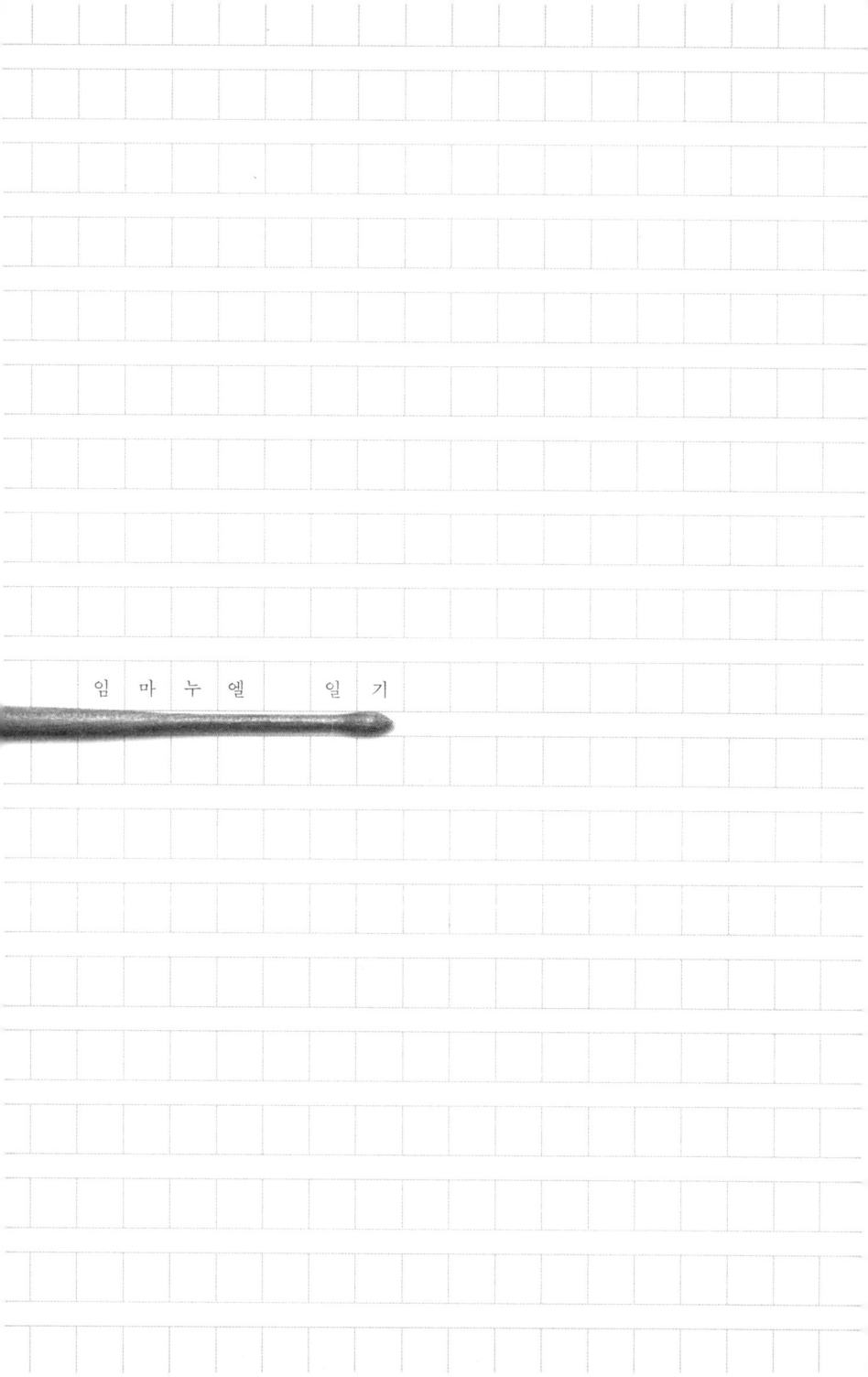

전화로 중요한 대화를 하다가 접속이 좋지 않거나 신호가 잡히지 않아 전화가 끊기면 이루 말할 수 없이 짜증이 난다. 하나님께 시급히 도움을 구해야 하는데 하나님과 '연결'이 되지 않을 때에도 우리는 이와 비슷한 감정을 경험하게 된다. 하나님이 분명 계시지만 하나님과의 관계적 접속이 끊어진 상태가 된 것이다. 1장에서 설명했듯이 관계적 교감이 상실되는 가장 큰 이유는 자신의 고통이 제대로 처리되지 않았기 때문이다. 고통을 회피하려는 정신적 활동이 하나님과 다른 이들과의 관계적 교감에 집중하지 못하게 만든다. 이렇듯 강한 감정에 사로잡혀 마음이 무거워지면 관계의 교감은 끊어지고 만다.

단절의 결과

통화가 중간중간에 끊기듯 하나님과의 관계에서 단절을 반복적으로 경험하게 되면, 사람들은 하나님에 대한 신뢰가 약화되는 것을 경험하게 된다. 고통 속에 홀로 방치되었다는 생각이 밀려오면서 자신을 향한 하나님의 선하심을 의심하기 시작하는 것이다. 하나님의 선하심에 대한 불신은 접속과 교감의 실패를 거듭할 때 강해진다. 불신은 하나님과의 임마누엘 시력을 약화시키는 장애물이다. 장애물을 만나면 우리는 더 이상 앞으로 나아가지 못한다. 하나님과의 교류가 사라지면 마음이 굳어지고 하나님께 완전히 냉담해진다. 그래서 결국 하나님을 우리 고통에 무관심하시고 무능하시며 심지어 잔인한 분으로까지 느끼게 된다.

인지 가능한 수준의 교류가 없으면 하나님이 임재하지 않으신 것처럼 느껴진다. 이럴 때는 살아 계신 하나님이 시편 기자가 묘사해 놓은 우상 같이 느껴진다. 시편 기자는 우상을 다음과 같이 묘사하고 있다.

"입이 있어도 말하지 못하며 눈이 있어도 보지 못하며 귀가 있어도 듣지 못하며 코가 있어도 냄새 맡지 못하며 손이 있어도 만지지 못하며 발이 있어도 걷지 못하며 목구멍이 있어도 작은 소리조차 내지 못하느니라"시 115:5-7.

안타깝게도 많은 사람들이 하나님과의 접속에 실패하면 더 이상 하나님께 나아가려고 시도조차 하지 않으려 한다. 믿음의 형제자매들이 좋은 마음에서 더 열심히 기도하라고, 성경을 연구하라고 독려하지만 이러한 방법들 역시 하나님과의 교감을 회복시키지는 못한다. '통화 중단'의 문제는 반드시 해결되어야 한다. 통화가 끊기는 이유가 분명 존재하기 때문이다. 임마누엘 일기쓰기는 그 원인을 규명하도록 도와준다.

트라우마

짐 와일더와 그의 동료들에 따르면, 아무런 도움 없이 나 홀로 남겨졌다는 느낌을 받게 만드는 사건은 그것이 무엇이든 트라우마의 경험이 될 수 있다고 한다. 내가 고통 가운데 있을 때 도움을 받을 대상이 부재하다고 느끼거나 혹 그들이 함께 있어도 내 아픔을 공유할 수 없다고 생각하게 되면 그것은 트라우마의 경험으로 남게 된다(Wilder, 2010). 어떤 사건이 트라우마가 되도록 결정하는 것은 고통의 유형이나 강도만이 아니다. 우리에게는 우리의 고통을 함께 해 줄 누군가가 필요하다. 고통스런 과거의 경험을 지속적으로 위로해 주지 않으면 지금 내가 혼자가 아니라는 사실을 인식하기가 어렵다. 더 나아가 선하신 하나님의 임재를 느끼기가 어렵다. 그래서 결국에는 하나님이 나를 고통 가운데 그냥 내버려두신 것이 아닌지 의구심을 품게 된다. 성경은 하나님이 결코 우리를 버리지 않으시고 떠나지 않으신다고 밝히고 있다. 하나님은 우리와 항상 함께 하신다고 약속하셨다(히 13:5). 그러나 우리는 이 진리를 알면서도 교감이 부족하기 때문에, 혹은 과거의 아픈 경험 때문에 여전히 하나님께 버림받았다고 느낀다.

칼 레이먼 박사는 우리 뇌가 고통에 어떻게 대처하는지 심도 있게 연구했다(Lehman, 2011). 그는 고통이 완전히 소화되고 상처가 치유되기 위해서는 고통의 경험이 뇌의 '고통 처리' 경로를 통과해야 한다고 밝힌다. 고통 처리란, 고통스런 감정이나 경험이 우리 뇌에서 완전히 소화되는 정상적인 방법을 지칭한다. 고통 처리의 초기 단계에서 우리는 고통을 당하고 있을 때 자신과 함께 하는 것을 즐거워하는 누군가가 곁에 있는지 자문하게 된다. 그런데 홀로 남겨졌다는 생각이 들고 당하는 고통이 자신이 감당할 수 있는 용량을 넘어서면 그때 트라우마가 생겨나게 된다. 그러면 그 자리에 발이 묶여 옴짝달싹하지 못하게 되는 것이다. 따라서 치유를 위해 고통을 소화하는 것은 매우 중요하다.

사람은 해결되지 않은 고통이 있으면 본능적으로 그 고통을 줄이려고 한다. 그러나 에드 쿠리와 그의 동료들은 이렇게 말한다.

> "괴로움과 강렬한 감정들을 처리하지 못하고 그저 일시적인 위안을 찾으려고 행동과 경험, 사건, 사람, 약물 등으로 고통을 상쇄시키려 하면, 오히려 이러한 선택은 중독으로 이어져 또 다른 트라우마로 이어질 수 있다."
> (Wilder, 2013).

크리스천들도 이러한 현실에서 예외가 아니라는 것이 참으로 슬픈 현실이다.

고통이 잘 처리되고 소화되면 그것은 우리에게 '지혜'로 다가온다. 고통을 초래하는 것이 언제나 선한 것은 아니지만, 고통을 완전히 해결하면 모든 것에서 선을 이루게 된다. 이것이 '구속'이다. 하나님의 인도하심을 받아 적절한 고통의 처리 순서를 밟아 가면 긍휼과 공감이 더욱 깊어진다. 나아가 열매를 맺기 위해 이 과정을 용기 있게 받아들이는 사람은 하나님과 다른 이들을 더 깊이 사랑하게 된다.

고난 잘 받기

고난을 잘 받아들인다는 것은 삶의 어려움들을 트라우마 없이 통과하고 모든 상황에 관계 지향적으로 반응한다는 의미이다. 우리는 관계 지향적 존재로 지음 받았다. 하지만 고통 때문에 반사적으로 행동할 때는 이 사실을 망각하게 된다. 고난을 잘 받기 위해서는 성숙해져야 한다. 모든 크리스천은 성숙으로의 부름을 받았다.

성숙한 사람의 주요한 특징 중 하나는 어려운 감정들을 잘 소화해 낸다는 것이다. 성숙한 사람은 여섯 가지의 부정적인 감정을 경험했을 때, 평안한 상태로 속히 돌아갈 수 있다. 성숙은 우리로 하여금 두려움에 반사적으로 반응하게 하기보다 인생의 도전에 당당하게 맞서게 해 준다. 성숙은 우리가 하나님의 형상을 따라 선한 일을 하기 위해 지음 받았음을 기억하며 하나님의 가치관에 따라 살아가게 해 준다. 어려움이 닥쳐와도 가치관에 따라 살아갈 수 있게 해 주는 것이다.

트라우마는 우리가 성숙으로 가는 길에 장애물이 되며 우리 눈을 가리어 진정한 자아를 보지 못하게 만든다. 많은 이들이 적어도 한 번쯤은 크리스천의 가치관을 따라 행동하기보다 그저 고통을 피하기 위해 행동한 경험이 있을 것이다. 고난을 잘 받으면 기쁠 때나 고통스러울 때에도 하나님의 가치관에 따라 흔들리지 않고 살아갈 수 있다. 그 고통을 소화하고 온전함을 유지할 수 있다. 크리스천은 '고난을 잘 받는' 사람들로 인정을 받아야 한다. 만일 우리가 영적으로나 정서적으로 성숙해져서 고통에 직면했을 때에도 두려움에 반사적으로 반응하기보다 주변 사람들에게 생명을 주는 방식으로 고통을 해결할 수 있다면, 그것이 세상에 얼마나 아름다운 소식이 되겠는가?

고난을 잘 받는 삶의 최고의 모델은 이 땅에 사셨던 우리 예수님, 특별히 십자가의 고난을 잘 받아내신 예수님에게서 찾아볼 수 있다. 겟세마네 동산에서 예수님은 죽음을 피하고 싶은 마음을 드러내셨다. 그때 얼마나 괴로우셨는지 땀이 핏방울이 되도록 기도하셨다. 하지만 그러한 상황에서도 예수님은 아버지와의 교감을 유지하셨고, 병사들이 예수님을 잡아갈 때도 제자들의 안녕을 생각하셨다. 예수님은 압력을 받는 상황에서도 변함이 없으셨고 늘 그리하셨듯이 배려와 용서, 긍휼을 보여 주셨다. 하나님 아버지와의 깊은 교감이 있으셨기에 고난을 잘 받으실 수 있었던 것이다. 하나님은 그리스도처럼 살아가도록 우리 모두를 초대하신다.

관계회로

우리는 인간 관계 가운데서 아버지 하나님과 아들, 성령님

간의 사랑의 교류를 반영하도록 지음 받았다. 하나님이 사랑의 삼위일체 안에서 교감하시듯 우리도 사랑의 공동체 안에서 사람들과 교감할 수 있다. 하나님은 우리와의 교감을 원하셨고, 하나님과 및 타인과 생명을 주고받는 관계를 맺을 때 성장하는 존재로 우리를 지으셨다. 칼 레이먼은 관계에 대한 우리의 갈망과 필요를 채우기 위해 하나님이 우리 뇌에 특별한 회로를 만드셨다고 설명한다. 그리고 뇌의 이 부분에 관계회로 (Relational Circuits: RCs)라는 이름을 붙였다(Lehman, 2011). 관계회로는 하나님과, 타인과 교감하고 교류함으로써 관계를 세워야 함을 인식하게 해 주는 뇌의 부분이다. 관계회로의 핵심적인 부분이 바로 사고 공유 상태와 생각의 시(詩)를 만드는 대상 피질이다.

관계회로는 눈을 감으면 아무것도 볼 수 없는 우리의 시각 회로와 매우 흡사하다. 관계회로를 전등 스위치에 비유해서 설명하면 다음과 같다. 밤에 방의 전등 스위치를 끄면 아무것도 볼 수 없다. 마찬가지로 우리의 관계회로가 '꺼지면' 하나님뿐 아니라 다른 사람들과도 관계를 맺기가 어렵다. 하나님과의 교류의 첫 단계는 우리의 관계회로가 켜져 있는지 확인하는 것이다. 관계회로는 하나님이 우리에게 관심이 있으시다는 것을 인식하게 해 준다. 관계회로가 '켜져' 있으면 생명과 사랑을 주고받기를 원하게 되고, 기쁠 때나 슬플 때나 관계를 소중히 여기기 때문에 사람들과 또 하나님과의 교감 혹은 교류를 갈망하게 된다.

고통 속에 홀로 있는 것 같은 느낌을 받고 트라우마에 해당하는 감정이 일어나면 관계회로가 꺼질 수 있다. 이런 갑작스런 정전은 우리가 임마누엘을 지각하지 못하는 이유가 된다. 하나님은 우리가 고통을 당할 때도 우리와 교류하시기 위해 항상 그곳에 계신다. 하지만 우리의 임마누엘 시력이 약해져서 그것을 인지하지 못하는 경우가 많다.

칼 레이먼은 이해를 돕기 위해 우리의 관계회로를 ATM기기(현금자동인출기)에 비유했다. ATM기기가 고장 나면 은행에 넣어 둔 돈을 인출할 수가 없다. 마찬가지로 관계회로가 꺼지면 예수님이(혹은 그 누구라도) 어떤 분이신지를 저장해 둔 기억 은행에 접속할 수 없게 된다. 예수님은 결코 우리를 떠나지 않으시고 우리와의 교류를 항상 원하신다. 이 비유는 우리가 고통 속에서 하나님과 교류하기 힘든 이유를 잘 설명해 준다. 우리는 관계회로가 켜진 상태로 살아가야 한다. 우리의 뇌가 제대로 작동하면 우리 삶에 함께 하시는 하나님의 임재를 경험할 수 있고, 우리 삶에서 다른 이들을 인식하고 감사할 수 있기 때문이다.

레이먼 박사는 관계회로가 켜졌는지 꺼졌는지 확인할 수 있도록 '관계회로 체크리스트'를 만들었다.

관계회로 체크리스트: 관계회로가 지금 꺼졌는가, 켜졌는가?

관계회로 체크리스트는 다음과 같다.

1. 나를 힘들게 하는 문제, 사람, 감정을 없애 버리고 싶다.
2. 다른 사람의 감정이나 이야기를 듣고 싶지 않다.
3. 내 생각은 지금 나를 화나게 하는 무언가에 '완전히 붙잡혀' 있다.
4. 나는 _____(내가 원래 좋아하는 사람)과/와 교감하고 싶지 않다.
5. 나는 도망치든지 싸우든지 아니면 그저 아무것도 하고 싶지 않다(잠잠함 + 교감과 반대).
6. 전보다 더 공격적으로 다른 사람들을 심문하고 판단하며 고치려고 한다.

만일 이 질문 중에 하나라도 '그렇다'라는 응답이 나온다면 당신의 관계회로는 꺼진 상태이다. 관계회로가 다시 켜진다면 관계상의 갈등과 관련된 모든 것이 나아질 것이다.

위의 질문들을 한데 묶어 관계회로의 상태를 확인할 수 있는 단순화 된 질문이 하나 있다. 그것은 바로 "지금 이 순간 그 사람(또는 하나님)에 대해 긍정적인 감정을 느끼는가?"이다. 인지적인 차원에서 그 사람의 장점이 무엇인지 설명할 수 있다고 해서 그 사람에 대해 긍정적인 감정을 느낀다고 말할 수는 없다. 이 질문은 긍정적인 생각이 진심으로 떠올라서 그 사람이나 하나님과 교류할 수 있는 통로가 열리는가를 확인하는 것이다. 관계회로가 켜져 있으면 다른 사람의 생각이 궁금하고, 교감하고 관계를 구축하는 데 적극적으로 참여하고자 한다. 그러나 관계회로가 꺼져 있으면 하나님과, 타인과 관계를 맺지 못하고 그들을 정서적 힘의 원천으로 인식하기보다는 문젯거리로 인식한다.

그런데 많은 이들이 관계회로가 꺼진 채로 관계를 세우려고 한다. 또한 자신의 관계회로가 꺼져 있다는 사실을 알아차리는 데도 시간이 오래 걸린다. 우리는 관계회로가 꺼졌다는 사실을 자각하지 못하지만 다른 사람들이 우리를 보며 이런 말을 할 때가 있다. "나한테 갑자기 짜증을 냈어." "나한테 갑자기 신경질을 냈어." "분위기를 싸늘하게 만들었어." "맘에 안 든다는 눈빛으로 쳐다봤어." 우리는 관계회로가 꺼졌을 때를 바로 알아차릴 수 있도록 세심한 주의를 기울여야 한다. 관계회로 상태를 자각하는 것은 자신의 책임이기 때문이다.

안타깝게도 많은 크리스천들이 관계회로를 다시 켜는 것이 평강의 회복을 위해 얼마나 중요한지를 잘 이해하지 못하는 것 같다. 사실 관계회로를 켜는 것은 우리의 최우선 순위가 되어야 한다. 평강을 잃으면 제일 먼저 관계회로가 꺼지기 때문이다. 사람들은 관계회로의 기능을 복원할 수 있다는 사실을 알지 못하기 때문에 문제에만 집중하게 된다. 그래서 관계를 회복하기보다는 옳은 일을 함으로써 스스로 문제를 해결해 보려고 한다. 관계회로가 꺼진 채로 옳은 일에만 매달리게 되면, 그것은 하나님 나라의 관점에서 보았을 때 관계 회복을 더욱 가로 막는 결과를 초래하게 된다.

마태복음 5장 20절에 기록된 예수님의 말씀을 보면 바리새인들도 옳은 일을 많이 하고 있었음을 짐작할 수 있다.

"내가 너희에게 이르노니 너희 의가 서기관과 바리새인보다 더 낫지 못하면 결코 천국에 들어가지 못하리라" 마 5:20.

간음하다 잡힌 여인의 경우에도 어쩌면 그들이 옳았을지 모른다(요 8장). 하지만 그들은 자신들의 눈앞에 서 계신 구세주를 알아보지 못했다.

저자 성심은 지난 날을 돌아보며 이렇게 고백한다.

내 삶을 돌아볼 때, '바리새인'과 같은 모습이 내 안에 많았음을 깨닫는다. 바리새인들은 꺼진 관계회로 상태에서도 옳은 일만 많이 하면 자신들이 의로워진다고 생각하는 사람들이었다. 나도 그 '바리새인' 중 하나였다. 내 속의 관계회로가 꺼져 있을 때에도 나는 '좋은' 크리스천이라면 꼭 해야 된다고 생각하는 옳은 일들을 모두 열심히 했다. 물론 당시에는 관계회로에 대해 전혀 알지 못했다. 나는 중고등부 전도사로 지역 교회를 성공적으로 섬겼고 해외에서 선교사로도 활동했으며 성경공부도 열심히 했고 기도회에도 정기적으로 참석했다. 크리스천들이라면 해야 하는 많은 '옳은 일들'에는 관계의 기술이 그다지 필요하지 않은 것을 볼 수 있다. 크리스천으로서의 삶을 성공적으로 사는가를 평가하는 우리의 기준은 '옳은' 행동을 했느냐 안 했느냐이기 때문이다. 돌이켜 보면 나도 그런 식으로 크리스천의 삶의 성공을 이뤘다고 생각했다.

하지만 결혼을 한 후에 모든 것이 달라졌다. 관계회로가 꺼진 채로 옳은 일을 많이 하려는 노력은 남편과의 관계를 세우는 데 오히려 방해가 되었다. 부부 관계를 고쳐 보려고 애를 쓰면 쓸수록 더 깊은 절망에 빠져들었다. 이 기간 동안 나는 고통스러운 상황에 반사적으로 반응했음은 물론, 내가 고통을 당하는 데도 하나님은 나를 모른 체하고 도와주지 않는다며 하나님을 비난했다. 관계회로가 꺼졌을 때는 예수님이 도우시는 분이라는 생각이 들지 않았다. 그래서 그분과의 친밀한 교제도 중단되었다. 그 당시 나는 하나님이 나를 돕기 위해 나와 함께 하고 계시다는 사실을 인식하지 못한 채 살고 있으면서도, 내가 모든 일에 하나님을 포함시키고 있다고 생각했다. 재밌는 사실은 임마누엘을 배제하고 사는 삶이 무의식적으로, 또한 너무 미묘하게 일어났기 때문에 나 자신조차 이런 일이 내 속에 일어나고 있음을 알지 못했다.

하나님께 겸손히 나아가 그분의 도움을 청하기 시작하면서, 그리고 계속적으로 관계회로를 켜는 상태로 돌아가는 연습을 하면서부터 내 삶은 '생존하는 수준'에서 '꽃을 피우는 삶'으로 바뀌게 되었다. 우리는 하나님의 평강(샬롬)이 사라졌을 때 이 변화를 인지함으로써 관계회로가 꺼진 것을 파악할 수 있다. 하나님과 삶을 나누고 그분의 뜻을 행하면 매 순간 하나님의 평강 가운데 살아갈 수 있다.

관계회로가 꺼졌음을 인지하였을 때, 우리는 어떻게 다시 관계회로를 켤 수 있을까? 관계회로의 기능을 복원하는 방법으로 '감사로 교류하기'와 '하나님과 생각 맞추기'를 제안하고자 한다. '내 몸의 샬롬 연습'과 '감사 연습', '친구나 하나님에게 인정/공감을 받는 것'도 매우 유용하다. 관계회로 회복에 대해서 더 깊이 알고 싶다면 칼 레이먼의 저서 「자신을 넘어서기」(Outsmarting Yourself, 2011)를 참고하기 바란다.

chapter 05

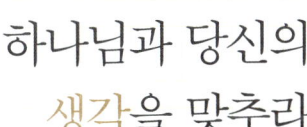

하나님과 당신의
생각을 맞추라

"부정적인 모든 감정들 속에서 나와 생각을 맞춰 주시는 하나님을 경험하게 된다면 그분과의 친밀감은 커질 수밖에 없다."

임 마 누 엘   일 기

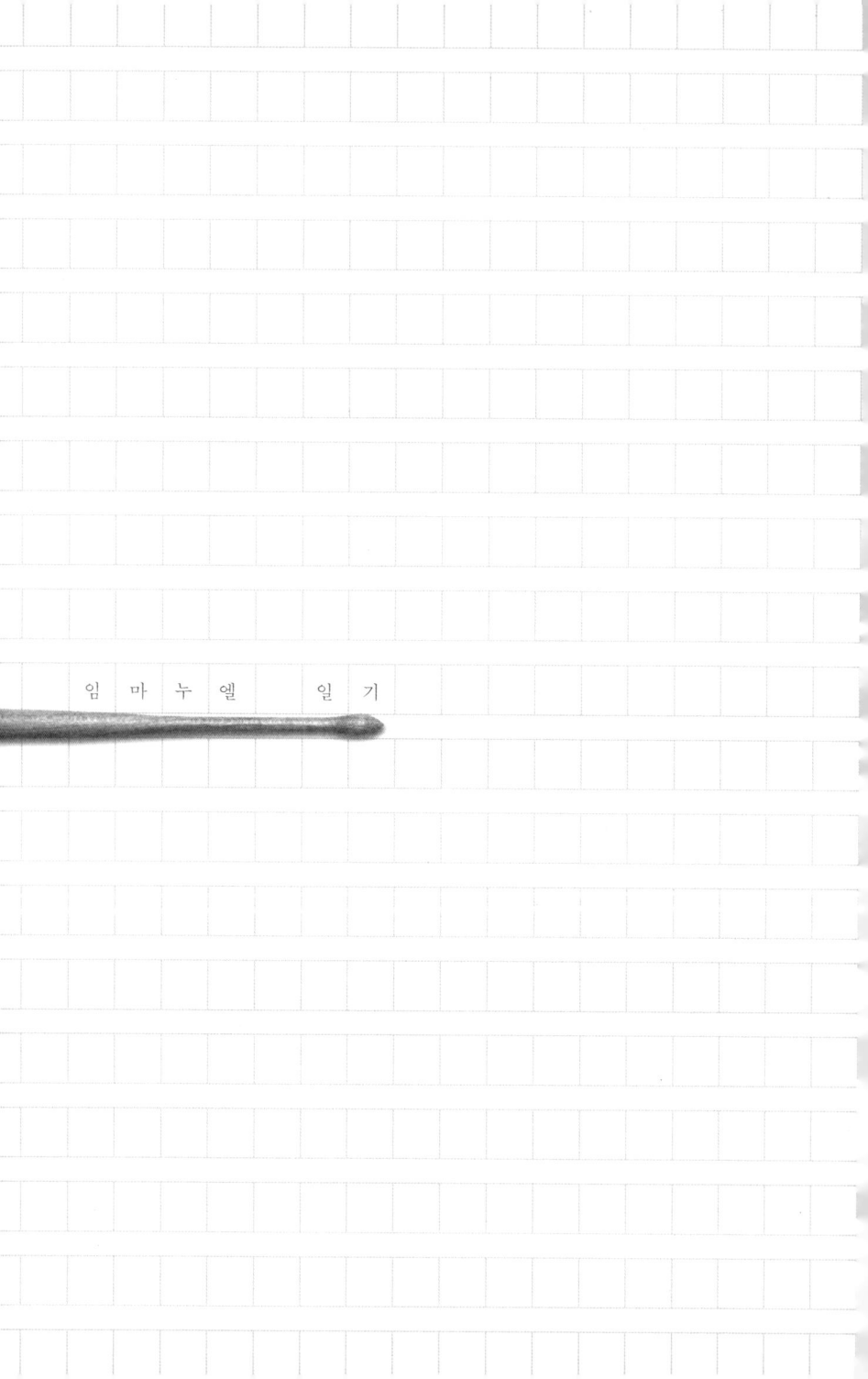

1장에서 살펴본 바와 같이 우리가 '하나님의 시(詩)'(엡 2:10)라는 사실을 이해하면 우리는 이제 '하나님과 생각 맞추기'라는 임마누엘 일기쓰기의 두 번째 단계로 넘어갈 수 있다. 하나님과 생각 맞추기는 고통 중에 힘들어 하는 이들에게 마음을 가다듬을 수 있도록 도와주는 단계들을 제공함으로써 하나님의 인정/공감하심을 받도록 도와준다. 하나님의 위로와 도움을 경험하면 그분의 임재를 인식하게 되고 평강을 회복할 수 있게 된다. 임마누엘 일기쓰기는 우리 뇌가 고통을 소화시킬 때 사용하는 처리과정 순서와 동일한 과정을 밟아가도록 설계되었다. 우리 뇌가 사용하는 순서를 따르는 것이 고통으로부터 회복되고 우리 영혼을 부유하게 하는 가장 간단하고 쉬운 길이기 때문이다.

임마누엘 일기쓰기는 감사의 자리, 관계회로가 회복되고 활성화되는 자리로 우리를 이끌어 준다.

다시 말해 임마누엘 일기쓰기는 고통의 처리 경로를 성공적으로 통과할 수 있도록 안내해 주는 도구이다. 궁극적으로 임마누엘 일기쓰기는 우리로 하여금 하나님의 선하심과 자비하심, 그리고 그분의 부드러운 임재를 쉽게 인식하게 도와줌으로써 임마누엘 시력을 강화시켜 준다.

전통적인 일기쓰기와 임마누엘 일기쓰기 사이에는 큰 차이가 있다. 우리는 보통 일기를 쓸 때, 내가 하나님께 이야기하는 방식으로 내 경험을 하나님께 설명한다. 기도도 우리가 하나님께 이야기하고 하나님이 그 이야기를 들으시는 식이다. 하지만 임마누엘 일기쓰기는 하나님이 우리 기도를 들으실 뿐 아니라 우리와 대화를 시작하실 것을 예상하고 기대하면서 쓰는 것이다. 하나님은 우리가 고통에 짓눌려서, 혹은 두려움 때문에 하나님을 피하고 그분께 나아가지 못한다는 것을 아신다. 아담과 하와가 숨었을 때에 하나님이 이들과의 대화를 먼저 시작하셨듯이, 사랑이신 하나님은 우리에게 먼저 다가오심으로써 우리의 회복을 시작하신다. 임마누엘 일기쓰기를 통해 하나님은 우리의 경험에 대해 설명해 주시면서 우리 생각을 당신의 생각에 맞춰 주신다. 그때 우리는 그분에게 받은 인상을 지각한 대로 기록하면 된다. 하나님과 생각 맞추기는 하나님이 우리에게 말씀하시는 방식을 취한다.

관계회로가 꺼지고 하나님에 대한 긍정적인 감정이 없다 하더라도 주어진 일기의 각 단계를 따라 뇌의 회복 순서를 따라가다 보면, 하나님이 그분을 어떻게 우리에게 드러내시는지 깨달을 수 있다. 이런 과정을 통해 우리는 하나님을 우리에게 먼저 대화를 건네시는 좋은 부모로 인식하게 된다. 하나님과 생각 맞추기의 구조/단계들은 우리로 하여금 하나님이 우리의 일거수일투족을 보고 계시며 알고 계신다는 것을 깨닫게 해 준다. 이런 과정을 거듭하다 보면 아픈 감정들이 우리에게 하나님에 대해 거짓을 말할 때에도 우리는 하나님이 우리와 함께 계시다는 진실을 쉽게 인식할 수 있게 된다. 글로써 나아가는 과정이 우리로 하여금 우리를 향한 하나님의 말씀을 인지하는 데 도움을 주는 것이다.

짐 와일더는 우뇌에 네 가지 레벨의 통제센터가 있다고 설명한다(Wilder, 2004). 이 통제센터는 칼 레이먼이 후에 관계회로(RCs)라고 명명한 부분이다. 통제센터는 '생각의 시'를 만드는 사고 공유 상태가 형성되는 곳이기도 하다. 레이먼 박사는 고통 처리 경로를 언급하면서 경험이 통제센터를 거쳐 뇌의 다른 부분으로 정상적으로 이동하는 패턴을 설명한다. 우뇌의 통제센터의 주된 기능은 감정을 느끼고 다른 이들과 소통하는 것이다. 타인과 원활하게 소통하면서 감정을 성숙하게 처리하는 것이 '고난을 잘 받는 것'이라고 앞서 설명했다. 통제센터는 '관계'와 '기쁨의 연습'을 통해 자라나는 '기쁨의 정체성'도 관장한다.

체계적 훈련에 도움이 되도록 통제센터의 각 부분과 레벨에 이름을 붙이고 정리해 보고자 한다. 보다 상세한 설명은 이 책의 뒷부분에 제공하도록 하겠다. 뇌가 스스로 성장하기 위해 사용하는 순서는 레이먼 박사가 고통의 처리 경로에서 설명한 순서, 사고 공유 상태를 자아내는 순서, 관계회로를 회복시키는 순서, 임마누엘 치유에 사용되는 순서, 임마누엘 일기쓰기에 적용하는 진행 순서와 모두 동일하다. 그러므로 통제센터의 각 레벨을 이해하는 것은 매우 중요하다.

뇌(우뇌)의 통제센터

레벨	기능	해당 부위	질문	하나님과 생각 맞추기 단계	
1	애착 관계유지 (Attachment)	시상 + 기저핵	"나는 혼자인가? 누군가 거기 없어요?"	1단계	4단계
2	상황을 평가 (Assessment)	편도체	"이 일이 좋은 건가요 나쁜 건가요? 혹 무서운 건 아닌가요?"		
3	조율된 관계유지 (Attunement)	대상 피질	"누군가 나를 이해하고 도와 줄 분이 있나요?"	2단계	
4	만족스러운 행동 결정(Action)	전두엽 피질	"(예수 믿는) 사람답게 행동하는 것은 무엇인가요?"	3단계	

※ 하나님과 생각 맞추기 5단계는 뇌레벨 5에 해당하며 여기서부터는 좌뇌의 기능이다.

임마누엘 일기쓰기의 순서

임마누엘 일기쓰기에 담겨 있는 다섯 단계는 하나님과의 교감을 강화하는 목적으로 디자인되어 있다. 임마누엘 일기쓰기의 순서는 사고 공유 상태가 어떻게 관계회로 활동을 회복시키는지에 대해 알게 되면서 개발되었다. 심리치료사들은 타인과 사고 공유 상태로 들어가는 과정을 '조율'(attunement)이라고 부르고, 동기화(synchronization)에 도달하지 못하는 것을 '오조율'(misattunement)이라고 부른다. 칼 레이먼은 「자신을 넘어서기」에서 조율을 받는 것이 관계회로 기능 회복에 얼마나 도움이 되는가에 대해 강조한다. 성공적인 조율이 이루어지면 (사고 공유 상태) 누군가가 나를 돌아봐주고 이해해 준다는 느낌을 받는다고 설명한다. 더 이상 혼자라고 느끼지 않게 되는 것이다.

임마누엘 일기쓰기는 좋은 부모가 자녀와의 관계의 필요성을 느낄 때마다 그렇게 하듯이, 하나님께서 그분의 자녀들의 삶에 찾아와 그들과 완벽하게 생각을 맞추신다는 확신을 바탕으로 개발되었다. 3장에서 설명한 여섯 가지 부정적인 감정을 느낄 때, 그 감정 속에서 우리와 생각을 맞추어 주시는 하나님을 경험하게 된다면 그분과 우리와의 친밀감은 커질 수밖에 없다. '하나님과 생각 맞추기' 과정은 이 과정을 연습하는 사람들로 하여금 그들이 겪는 삶의 경험을 하나님이 어떤 관점으로 보시고 조율해 주시는지 경험하게 해 준다. 하나님은 우리가 고난 중에 있을 때 관계회로와 평강이 회복되도록 도와주신다. 임마누엘 일기쓰기 과정을 통해 하나님은 우리가 경험한 깨어진 교류(오조율)를 치유해 주신다.

다음은 하나님과 생각 맞추기 5단계이다.

> 1단계: 이런 네 모습이 보이는구나(I can see you).
> 2단계: 이렇게 말하는 네 음성이 들리는구나(I can hear you).
> 3단계: 이 일이 네게 얼마나 의미 있고 중요한 일인지 안단다(I can understand how hard this is for you).
> 4단계: 너와 함께 있어 참 좋구나. 나는 네 연약함을 긍휼히 여긴단다(I am glad to be with you).
> 5단계: 네가 힘들어 하는 일(중요한 일)을 내가 도와줄 수 있단다(I can do something about what you are going through).

1단계: 이런 네 모습이 보이는구나

창세기 16장을 보면 하갈이 광야에서 주님의 천사를 만난 후에 하나님의 이름을 새롭게 부르는 장면이 등장한다. 하갈은

13절에서 자신이 만난 하나님을 '나를 살피시는 하나님'이라고 고백한다. 하나님의 성품을 담아낼 수 있는 수많은 이름 중에서 '자신을 살피시며 자신이 처한 상황의 모든 것을 다 보시는 분'이라는 이름을 선택한 것이다. 하갈에게는 고난의 때에 자신보다 큰 누군가가 자신을 바라보고 알아준다는 사실이 매우 중요했다. 그녀는 주인과 여주인의 보호와 도움 없이는 살아남을 수 없는 여종이었다. 그런데 학대를 당하고, 아무런 보호를 받지 못하게 되자 주인에게서 도망친 상태였다.

고난 때문에 관계회로가 꺼지면 하갈처럼 홀로 절망 속에 덩그러니 남게 된다. 하갈은 하나님의 천사를 만나 자신을 살피시는 하나님을 경험한 후에야 비로소 사래에게 돌아갈 수 있었다. 그러나 아직 하갈의 문제는 해결되지 않은 상태였다.

우리는 하나님이 우리를 살펴보고 계신다는 것을 알 때 고통스런 상황에 짓눌리지 않고 고난을 잘 견뎌낼 수 있는 힘을 얻는다. 즉, 생산적인 삶이 시작되는 것이다. 하갈의 고통과 처참함을 모두 다 보고 계셨던 그 하나님이 우리가 짊어지고 있는 오늘의 고통과 어려움도 다 보고 계신다.

"하나님이 나를 어떻게 보시는가?"라는 질문에 어떻게 답하느냐에 따라 우리는 하나님과 가까워지기도 하고 멀어지기도 한다. '하나님과 생각 맞추기'는 그분의 관점에서 적어 내려가야 한다. 하나님은 우리를 사랑으로 살피시며 그분이 보신 대로 우리에게 설명해 주신다. 하나님과 생각 맞추기를 할 때는 우리 주변과 우리 마음속에서 일어나는 일들을 하나님의 사랑의 눈을 통해 기술하도록 해야 한다.

하나님과 생각 맞추기 프로세스를 시작하는 방법은 다음과 같다.

1. 우리의 행동과 주변 환경을 사랑의 눈으로 바라보시는 하나님의 관점에서 기록하라.

"네가 테이블에 앉아 있는 모습이 보이는구나."
"네가 커피를 마시고 있는 모습이 보이는구나."
"네가 TV를 보는 모습이 보이는구나."
"네가 컴퓨터를 켜는 모습이 보이는구나."
"네가 어둠 속에서 이리저리 움직이는 모습을 보았단다."
"네가 아이들에게 소리 지르는 모습을 보았단다."

2. 다른 사람의 육안으로는 보이지 않는 당신의 몸의 움직임, 감각, 느낌 또는 몸 안에서 일어나는 신체적인 반응을 사랑의 눈으로 보고 계시는 하나님의 관점에서 기록하라.

"네가 입을 꼭 다물고 주먹을 움켜쥐고 있는 모습이 보이는구나."
"가슴이 꽉 막히는 것처럼 숨 쉬기 힘들어 하는 네 모습을 보았단다."
"네 어깨가 뭉쳐 있는 것이 보이는구나."
"네가 숨을 참는 게 보이는구나."
"네 심장이 빨리 뛰는 게 보이는구나."
"네가 폭발 일보 직전인 것이 보이는구나."
"눈물이 고이면서 네 눈이 충혈되는 것이 보이는구나."
"네 머릿속이 멍해지고 온몸이 굳어지는 걸 보았단다."
"체한 것처럼 답답해 하는 것을 볼 수 있구나."

우리 뇌를 하나님과 동기화하기
1단계

하나님과 생각 맞추기의 1단계 '이런 네 모습이 보이는구나'에는 뇌의 통제센터 레벨 1과 레벨 2가 작동한다. 유대를 조정하고 우리 삶의 개인적인 경험을 이해하는 레벨 1은 우리가 애착을 유지하고 있는지 점검하면서 처리 과정을 시작한다. 먼저 자신에게 개인적으로 의미가 있는 사람들에게 안정적인 애착을 느끼고 있는지 신중하게 모니터링 한다. 또 뇌의 레벨 1은 누군가가 자신과 함께 함을 즐거워한다는 것을 지각하면 기쁨이라는 감정적 경험을 불러 일으킨다. 하나님이 나에게 말씀하시는 방식으로 진행되는 임마누엘 일기쓰기의 순서는 뇌의 레벨 1의 하나님이 우리와 안정적인 애착관계를 유지하고 있음과 우리가 하나님께 불만을 느낄 때에도 하나님은 우리와 함께 하고 있음을 확인시켜 준다. 레벨 1은 하나님이 이곳에 우리와 함께 계심을 인식하게 해 주는 첫걸음이다.

뇌의 통제센터의 레벨 2는 편도체로 모든 경험을 기본적으로 평가하는 기능을 가지고 있다. 편도체는 우리가 겪는 경험과 사람에게 더 가까이 가기를 원하는지, 단절하고 싶어 하는지를 판단한다. 모든 경험을 좋다, 나쁘다, 무섭다로 구분하고 경험이 너무 무섭고 나쁘고 감당하지 못할 만큼 압도적이면 그 감정적 경험으로부터 자신을 단절시키거나 분리한다. 즉, 고통스런 경험이 우리 뇌의 레벨 2에 고착되어 트라우마의 기억으로 내재할 수 있다는 이야기이다. 고통스러운 경험으로부터 우리를 자동적으로 단절하는 대신 하나님과 계속 교감하는 법을 배워 그 고통의 과정을 건강하게 소화할 수 있다면 어떨까? 하나님은 우리가 두려워 할 때에도 우리와 함께 하신다. 하나님은 우리 삶의 매 순간에 적극적으로 개입하셔서 그분의 능력으로 도와주시기를 바라신다. 우리와 모든 경험을 함께 하시는 아버지와 교감함으로써(애착이 있기 때문에) 우리가 어려움에 발목이 잡히지 않고, 당당하고 자신 있게 시련을 마주하게 된다면 얼마나 아름다운 삶이 되겠는가? 이것이 바로 예수님이 우리에게 거듭 보여 주신 모범이다.

2단계: 이렇게 말하는 네 음성이 들리는구나

우리는 하나님께 살피시는 분이라는 이름을 드린 하갈의 이야기에서 그녀의 아들 이스마엘의 이름을 통해 하나님의 또 다른 성품을 만날 수 있다.

"그 이름을 이스마엘이라 하라 이는 여호와께서 네 고통을 들으셨음이니라"창 16:11.

하갈이 무슨 말을 했는지는 알 수 없지만 절망과 고통의 말을 쏟아냈으리라 쉽게 짐작할 수 있다. 하갈의 주인과 여주인보다 더 크신 하나님께서 하갈이 처한 상황을 보셨고, 그녀의 신음 소리를 들으셨다. 그러나 하갈을 도망치게 만든 문제는 여전히 해결되지 않은 상태였다.

창세기 21장에서 하갈은 또다시 광야를 헤맨다. 이번에는 광야로 쫓겨났다. 아들 이스마엘은 청년이 되었다. 하나님은 다시 한 번 하갈과 이스마엘을 살피신다. 하갈의 생각을 들으시고 대화를 시작하신다. 하갈의 눈을 열어 우물을 보게 하시어 이들의 필요를 채우신다. 하갈의 울부짖음을 들으신 하나님은 오늘도 도움을 청하는 우리의 부르짖음을 간과하지 않으신다. 그렇다면 이제 답을 해 보라. "나는 하나님이 내 부르짖음을 어떻게 들으실 것이라고 생각하는가?"

'하나님과 생각 맞추기' 2단계에서는 하나님이 우리의 마음속 생각뿐 아니라 우리가 크게 소리 내어 하는 말을 통해 무엇을 들으시는지 기록한다. 하나님이 무엇을 들으셨다고 설명하시는지 귀 기울이고 하나님의 설명을 적어 보라. 이 단계는 하나님이 우리의 생각을 표면으로 끌어올려 설명하시는 단계이다. 여기서 그 생각이 좋은지 나쁜지는 판단하지 않는다. 물론 하나님이 우리의 모든 생각을 들으면서도 우리를 정죄하지 않으신다고 믿기는 쉽지 않다. 때로 우리는 우리 자신과 우리 머릿속에 드는 생각들을 정죄하기 때문에 하나님 앞에 나아가지 못하는 경우가 있다. 이 단계에서는 하나님이 우리의 모든 생각을 들으신다는 사실을 지각하는 데 집중하도록 한다. 하나님은 우리를 교정하시고 가르치시기보다 누군가가 온전히 나의 이야기를 들어주는 경험을 하게 하신다. 관계적으로 교감의 상태를 지속하기 위해서는 누군가가 나의 이야기를 들어주는 경험이 필수적이다.

내 생각에 집중할 수 있을 정도로 삶의 속도를 늦추면 우리 안에 얼마나 많은 생각이 있는지 깨닫고 깜짝 놀라게 될 것이다. 또 터무니없고 중요하지 않은 생각들처럼 느껴지는 것들은 기록하지 않고 그냥 넘어가고 싶은 유혹도 들 것이다. 좌뇌에서는 모든 생각을 논리적으로 파악하고 납득하려고 하기에 어떤 생각들은 별것 아닌 것으로 일축하기 쉽기 때문이다. 그러나 그런 생각늘도 석는 습관을 들여야 한다. 때로는 이러한 생각들이 해결해야 할 무언가를 표면으로 끌어올리는 데 도움이 되기 때문이다. 다른 말로 설명하자면, 이런 생각들 속에는 고통을 감당해내기 위해 과거 우리가 우리 자신에게 했던 맹세나 거짓된 메시지가 숨겨져 있기 때문이다. 이러한 생각을 계속 묻어 두고 진리로 대체하지 않으면 고통은 끝나지 않는다.

1. 우리가 한 말을 다 듣고 계시는 사랑의 하나님의 관점에서 기록하라.

"네 고함소리와 비명소리가 들리는구나"
"네가 소리 죽여 흐느끼는 소리를 들었단다."
"네가 네 아이/배우자/동료/부모에게 '꼴도 보기 싫어'/ '꺼져 버려'/'나는 너 못 믿어'/'마음이 너무 불안해'/ '너는 내 맘을 몰라'/'이제 너 하고는 끝장이야'라고 말하는 소리가 들리는구나."

2. 머릿속에 떠오르는 단어들을 계속 기록하라. 하나님은 우리 머릿속에 떠오르는 생각과 그 속에 담긴 소리를 사

랑 가운데 들으신다. 너무 많은 생각이 떠오르면 주요 항목들로 묶어도 된다.

"네 스스로를 판단하고 정죄하는 소리가 들리는구나."
"수많은 생각들이 네 머릿속에서 걷잡을 수 없는 속도로 쌩쌩 지나가는 소리가 들리는구나."
"몹시 흥분한 네 목소리가 들리는구나."
"'멍청하기는! 또 망쳤네!'라고 네 스스로에게 말하는 소리가 들리는구나."
"마음을 진정시키려 노력하는 네 소리가 들리는구나"
"'내가 화나는 게 당연하지!' '이건 말도 안돼.' '나한테 이렇게 해서는 안되지' '진작 눈치챘어야 했는데' '다른 선택을 했더라면 얼마나 좋았을까'라고 혼잣말을 하는 걸 들었단다."
"네 마음 깊은 곳에 있는 갈망의 소리가 들리는구나."
"너무 수치스러워 인정하기 두려워하는 소리가 들리는구나."
"네 마음의 조용한 결단을 들었단다."

우리 뇌를 하나님과 동기화하기
2단계

뇌의 레벨 3은 우뇌의 대상 피질에 위치하며 사고 공유 상태를 가능하게 한다. 우리의 음성을 들으신 하나님은 그분의 실제를 우리와 나누시고 우리가 혼자가 아님을 알게 하시기 위해 우리와 사고 공유 상태(심리 치료사들이 말하는 조율)를 만들기 시작하신다. 대상 피질은 우리가 이해받고 있다고 느끼는지에 따라 생각의 시를 쓸 것인지 말 것인지를 결정한다. 레벨 3의 역량이 감당하기 힘든 부정적인 감정에 짓눌리게 되면 우리는 일시적으로 하나님과 공동체 내의 다른 이들과의 관계적 접속을 상실하고 비관계적이 된다. 즉, 우리의 관계회로가 꺼지고 여섯 가지 부정적인 감정(슬픔, 분노, 두려움, 수치심, 절망, 혐오감)이 우리를 뒤덮으면서 마치 외딴 섬에 홀로 조난을 당한 듯이 느끼게 되는 것이다. 그러나 하나님이 이 섬으로 우리를 찾아와 교감하시며 뇌의 레벨 3이 하나님과 다른 이들과의 관계적 교감과 접속을 다시 구축하게 된다. 괴로울 때 하나님과 생각 맞추기 1단계와 2단계를 실천하면 우리의 눈과 귀가 열리면서 하나님께서 인도하시는 손길을 따라 사망의 음침한 골짜기를 지날 수 있다. 고통스런 경험은 뇌에서 적절한 과정을 통과하여 처리된다. "하나님의 영광을 바라고 즐거워하느니라 다만 이뿐 아니라 우리가 환난 중에도 즐거워하나니 이는 환난은 인내를, 인내는 연단을, 연단은 소망을 이루는 줄 앎이로다 소망이 우리를 부끄럽게 하지 아니함은 우리에게 주신 성령으로 말미암아 하나님의 사랑이 우리에게 부은 바 됨이니"(롬 5:2-5)라는 사도 바울의 고백이 우리 삶의 현실이 된다.

3단계: 이 일이 네게 얼마나 의미 있고 중요한 일인지 안단다

우리는 하갈의 이야기를 읽으면서 이방인으로서 소외된 삶을 산 그녀가 종으로 살아가며 느꼈을 절망감과 고통을 공감할 수 있다. 사래의 부당한 대우를 생각하면 피해자 하갈에 대한 긍휼의 마음이 일어나기도 한다. 반면 하갈이 여주인을 능멸했으니 그런 대접을 받아 마땅하거나 사래나 심지어 아브람이 안됐다는 생각을 할 수도 있다.

우리는 우리 스스로 고통을 축소하곤 한다. 사소하게 보이는 고통을 경험하게 되면, 이 정도쯤은 위로를 받아서는 안 된다고 생각하기도 한다. 자기 자신에게만 그런 것이 아니라 다른 이들에게도 그렇게 한다. 하지만 하나님은 그 고통의 문제가 우리에게 얼마나 큰 영향을 미치는지 다 보시고 들으시며 아시고 이해하신다. 하나님은 우리 개개인의 역사를 다 아신다. 당신의 심리 치료사가 아무리 통찰력 있고 당신의 친구가 아무리 지혜롭다 해도 궁극적으로 우리 삶의 복잡성과 우리 개인의 경험을 완전히 이해하시는 분은 오직 하나님밖에 없으시다. 하나님은 결코 우리에게서 눈을 떼는 일이 없으시기에 우리보다 우리를 더 잘 아신다.

누군가가 우리가 겪는 경험의 '크기', 다시 말해 그 경험이 가지는 강도와 정도의 크기를 정확하게 기술해 줄 때, 우리는 인정(validation) 받고 있다는 느낌을 받는다. 그리고 이 인정의 과정을 통해 문제해결의 단계로 나아가게 된다. 인정의 과정 없이는 위로를 받을 수 없다. 인정이 있어야 위로가 따르고, 위로가 있을 때 평강이 찾아온다. 우리의 경험이 얼마나 컸는지 얼마나 힘들었는지를 인정해야 비로소 우리 뇌를 잠잠하게 할 수 있다.

3단계에서는 우리에게 무엇이 얼마나 중요한지 하나님이 정확하게 이해하신 내용을 인상으로 받아 글로 기록한다. 하나님은 우리로 하여금 우리의 생각과 마음이 어떤지 반추하게 하실 뿐 아니라 우리를 용서하시고 이해하시고 위로해 주신다. 하나님은 우리가 어떻게 사는 것이 좋은 줄 아시고 우리가 따라야

할 모범이 무엇인지 보여 주신다. 이 단계를 연습하다 보면 우리는 해결되지 않은 과거의 일들이 현재에 어떤 영향을 끼치고 있는지 발견하게 될 수도 있다.

> **예시**
>
> "이 일이 네게 얼마나 큰 일인지 잘 안단다."
> "이 일에 신경이 곤두서 있구나"
> "이 문제가 너를 압도하는 게 보이는 구나."
> "네 부모가 이혼하겠다고 했을 때만큼 큰 일이로구나."
> "큰 문제이지만 해결할 수 있는 일이란다."
> "이것 때문에 네가 얼마나 슬픈지 다 이해한단다."
> "네가 얼마나 화가 났는지 이해한단다. 정말 그럴 만하구나."
> "왜 이것이 네게 그렇게 힘든지 이해한단다. 항상 혼자라고 느껴왔기 때문에 머리로는 이해하지만 가슴은 두려움으로 터질 것 같지."
> "왜 이것이 네게 그렇게 크고 두려운지 잘 안단다. 내 관심을 받지 못 할까 봐 두려워한다는 것도 잘 안단다. 너가 자랄 때 너와 네게 일어났던 모든 일들이 네 부모에게 중요하지 않았음도 잘 알고 있단다."

우리 뇌를 하나님과 동기화하기
3단계

하나님과 생각 맞추기 3단계에는 뇌의 통제센터 레벨 4(최상위 레벨)가 관여한다. 우리는 우리를 사랑하시고(레벨 1) 우리가 아플 때도 우리를 떠나지 않으시는(레벨 3에서 고난을 잘 받음) 우리보다 큰 존재와 사고 공유 상태를 나눔으로써 지혜를 얻게 되고, 그 지혜를 이곳에 쌓게 된다. 여기에 쌓인 지혜는 우리에게 참 자아에 따라 행동하는 법과 일상 속에서 관계 지향성을 유지하는 법을 가르쳐 준다. 건강한 레벨 4의 반응의 첫 번째 부분은 우리의 반응이 실제로 얼마나 강렬한지를 인정하는 것이다. 안정적으로 애착이 형성된 아이들은 이르면 18개월부터 자신을 검증하고 인정하기 시작한다. 많은 오조율로 고통을 받으면(사고 공유가 부족하거나 아예 없는 경우) 인정의 반응을 보이는 대신 부인하고 비난하며 원망하게 된다. 레벨 4의 오작동이다.

하나님과 생각을 맞추는 동안, 하나님이 우리 삶에 무엇이 얼마나 크게 느껴지는지 인정해 주시게 되면 우리도 그것을 인정하고 확인하게 된다. 하나님과의 사고 공유가 이전 단계에서 구축된 상태이기 때문에 인정도 공유할 수 있다.

인정을 위해서는 반응의 크기를 정확하게 측정해야 하지만 그 원인에 반드시 동의할 필요는 없다. 항상 우리 반응의 실제 크기를 검증하되 우리가 원하는 감정의 크기로 늘리거나 줄이려고 해서는 안 된다. 인정은 크기를 제대로 파악하는 것이다. 그러고 나면 최고 통제센터가 통제권을 갖고 하나님이 우리를 보시는 시선과 운율이 맞는 방식을 통해 이 사건을 관계적으로 처리할 수 있다.

뇌의 레벨 4(우뇌 안와전두엽 피질, PFC)가 제대로 발달되면 뇌의 나머지 부분을 건강하게 통제할 수 있다. PFC가 선장인 셈이다. PFC는 자신을 '나'라고 생각하고 정체성을 관장한다. 잘 훈련받은 PFC 선장은 우리의 부정적인 감정들을 차분하게 가라앉히고 도덕적 선택을 히도록 도와주며 창의성을 발휘하게 해 줄 뿐 아니라 유연하게 사고하도록 도와준다. 심지어 면역체계와 같은 민감한 기능에도 영향을 미친다. 선장이 강인하고 하부의 세 레벨이 충분한 역량을 갖추고 있으면, 우리는 트라우마에 저항력이 있는 두뇌를 가지게 된다. 성숙한 PFC 선장은 어려운 상황을 만날 때에도 강인하고 긍정적이며 결연한 정체성을 유지한다. 레벨 4는 우리로 하여금 어떻게 하면 주어진 문제 상황을 만족스럽게 해결할 수 있을지 분별하게 도와준다. PFC 선장이 주도권을 잡고 있으면 부정적인 감정도 속히 잠잠해지고 평온해질 수 있다.

4단계: 너와 함께 있어 참 좋구나. 나는 네 연약함을 긍휼히 여긴단다

하나님의 천사가 광야에서 도망치는 하갈을 발견했다. 사래는 하갈과 함께 있는 것을 싫어했고 그녀를 혹독하게 대했다. 천사가 먼저 하갈에게 다가갔다. 예수님이 우물가의 여인에게 먼저 말을 거셨던 장면이 떠오르는 대목이다. 그 누구도 이 여인들과 교류하려 하지 않았고 모두가 이 여인들을 경멸했지만 하나님은 이들에게 사랑으로 다가가셨고 이들의 약함을 부드럽게 어루만져 주셨다. 사래와 이삭에 대한 하갈과 이스마엘의 죄 때문에 사래는 이들을 증오하고 경멸했지만 그 죄가 하갈의 삶으로부터 하나님을 밀어내지는 못했다.

우리는 우리의 죄나 약함 때문에 하나님이 우리를 멀리하실 것이라고 생각한다. 당신 역시 하나님은 죄인들과 함께 하지 않으신다고 생각할지 모른다. 하지만 하나님은 언제나 있는 모습 그대로의 우리와 함께 하기를 기뻐하신다. 우리가 하나님과 교감을 느끼든 그렇지 않든, 우리의 그 어떤 약함도 우리로부터 하나님을 밀어내지 못한다. 하나님의 임재 안에서 우리는 변화된다.

4단계에서는 "내 아이야, 너와 함께 있어 참 좋구나"라는 하나님의 음성을 듣고 당신을 향한 그분의 사랑의 확증을 기록한다. 하나님께서 사랑을 가득 담아 당신에게 말씀하고 계신다고 인지되는 것을 기록하라.

"너와 함께 있어 참 좋구나. 나는 네 약함을 부드럽게 살핀단다."

"나는 네가 좌절할 때도 아파할 때도 슬퍼할 때도 매 순간 너와 교제하기를 원한단다. 나에 대한 강한 믿음이 없다고 네가 네 스스로를 판단하고 정죄할 때에도 나는 결코 너를 정죄하지 않는단다. 네가 여기 나와 함께 있어 기쁘고 감사하구나."

우리는 이제 하나님과 생각 맞추기 3단계와 4단계를 지나면서 하나님의 도움을 받아 기쁨으로 돌아갈 수 있다. 예수님이 베드로를 도우셨던 방법이 좋은 예가 될 수 있다. 예수님은 베드로가 세 번이나 주님을 부인한 것이(요 21장) 그에게 얼마나 큰 일이었는지 잘 아셨다. 베드로는 패배감을 느꼈고 예수님의 부활 소식을 들었음에도 불구하고 무력감에 빠져 물고기를 잡으러 돌아갔다. 예수님은 그런 베드로를 찾아가셨고, 예수님을 세 번 부인한 것이 그에게 얼마나 힘든 일인지 아셨기에 그를 세 번 초청하셨다. 베드로는 자신의 약함에도 불구하고 예수님이 여전히 자신을 원하고 계심을 체험한 후 회복을 경험하게 되었다. 우리도 하나님의 도움을 받아 기쁨으로 돌아가면 그분의 자녀로 살아갈 수 있다.

5단계: 네가 힘들어 하는 일(중요한 일)을 내가 도와줄 수 있단다

하갈의 이야기를 다시 살펴보자. 하나님의 천사는 하갈에게 나타나 하나님의 적극적인 선하심을 보여 주었다. 또한 하나님께서 하갈의 아들에게 줄 이름을 알려 주었고, 수많은 후손을 얻게 되리라는 희망찬 약속도 전해 주었다. 천사는 또 (도망치고 있던) 하갈에게 노예의 삶으로 되돌아가라고 말했다. 이것은 어려운 일을 하라는 의미였다. 하나님은 우리의 고통을 확인하실 뿐 아니라 어려운 상황 속에서 우리를 인도하신다.

하나님과 생각 맞추기 5단계에서는 하나님이 어떻게 우리와 함께 하시며 도와주실 것인지를 듣고 기록한다. 과거에 경험한 하나님의 신실하심을 떠올리며 하나님이 우리 주위에서,

또 우리를 통해 계속 일하신다는 소망을 얻을 수도 있다. 때로 하나님은 우리에게 그분을 따라 그분의 자녀답게 힘든 일을 하라고 말씀하시기도 한다. 하나님은 우리가 누구인지 상기시켜 주시면서 우리의 진정한 마음을 따라 살아가라고 초청하신다. 변치 않는 하나님의 임재의 약속, 변함이 없는 사랑, 그분의 순전한 선하심이 우리를 지탱해 줄 것이기 때문이다. 하나님이 당신에게 무엇을 제시하고 계시는지 받은 인상을 기록하라.

"내가 너를 도와줄 수 있단다. 내가 누구인지 내가 네 삶에서, 그리고 이 세상에서 무엇을 하고 있는지 보다 또렷하게 볼 수 있도록 도와줄게. 나는 내 말과 내 영의 씨앗이 네 삶에서 자라나고 꽃 피울 수 있도록 네 마음을 부드럽게 하는 일을 쉬지 않을 것이란다. 너는 내 손안에 있단다. 나는 너를 사랑한단다."

"나의 영이 너를 붙들 것이다. 우리가 너를 위해 기도하고 있고, 너를 붙들고 있단다. 우리가 너를 보호하고 있고, 네 방패가 되어 항상 너에게 용기를 주고 있단다. 내 아이야, 절망 속에서 위를 올려다보렴. 하늘의 관점으로 보렴. 우리는 결코 너를 버리지 않고 결코 너를 절망 속에 내버려 두지 않을 것이다. 우리는 너를 뜨겁고 무한히 사랑한단다. 너를 향한 우리의 사랑이 네 불신, 네 우상숭배, 네 두려움보다 크단다. 우리가 이 어려움을 이겨낼 것이다. 우리는 네 자녀를 보호하고 있는 성부, 성자, 성령님이란다. 우리는 강하며 측량할 수 없는 존재이다."

"나의 의로운 오른팔로 너를 붙들 것이다. 나의 선함과 나의 진리를 묵상하거라. 그러면 또렷하게 보기 시작할 것이고 혼란과 자기 정죄의 영이 떠나갈 것이다. 내가 오늘 밤 너와 함께 있어 네게 안식을 줄 것이다. 우리가 이 문제를 함께 풀 수 있다는 사실을 기억하며 네가 잠들었으면 좋겠구나. 내가 네게 이 상황을 정리하기 위해 할 말을 줄 것이고 그 사람의 관점에서 볼 수 있는 마음을 줄 것이다."

지금까지 살펴본 단계들이 하나님과 생각 맞추기의 전 과정이다. 하나님의 완벽한 조율과 인정을 통해 우리는 하나님이 우리를 어떻게 보고 계시는지 알게 된다. 하나님은 모든 상황 속에서 우리와 함께 하기를 기뻐하신다. 하나님은 언제나 그분과 또 다른 이들과의 관계를 회복시키는 일을 먼저 시작하신다. 하

하나님은 끊임없이 우리를 위해 일하신다. 임마누엘 일기쓰기는 우리로 하여금 이 진리를 더욱 민감하게 인식시켜 준다.

하나님과 생각 맞추기를 활용해서 임마누엘 일기쓰기
혼자서

임마누엘 일기쓰기는 평강과 기쁨을 회복시키기 위해 고안되었다. 그러므로 개인의 치유와 성숙을 도모하는 도구로 다양하게 활용할 수 있다.

- 관계회로 다시 켜기 – 관계회로가 꺼졌다는 사실을 인식하고 나면 하나님의 평강과 기쁨을 회복하기 위해 임마누엘 일기쓰기 과정을 시작할 수 있다. 많은 이들이 하나님과의 관계에서 저지른 실수와 실패를 어떻게 처리해야 하는지, 왜 고통의 굴레에서 벗어나지 못하는지 알지 못한다. 그러나 임마누엘 일기쓰기를 하면 고통스런 기억이나 사건을 안전하게 돌아볼 수 있고, 또 우리 자신과 다른 이들에 대한 지혜와 긍휼의 마음을 가질 수 있다.

- 치유를 촉진하고 성숙함을 향해 자라나기 – 일반적으로 트라우마에는 하나님의 임재에 대한 기억이 없는 고통의

기억이 포함된다(Lehman, 2011). 이러한 트라우마는 성숙에 걸림돌이 된다. 그런 점에서 임마누엘 일기쓰기는 치유의 과정을 촉진하는 도구로 활용될 수 있다. 트라우마의 기억마다 하나님이 임재하셨음을 인식하면 더 이상 트라우마가 아닌 치유와 소망이 기억되기 때문이다.

- 개인의 영적 훈련 – 자신의 삶을 반추하는 습관을 키우면 영적 성숙함이 더욱 깊어진다. "예수님, 이 상황에서 제가 무엇을 알기 원하시나요?"와 같은 단순한 질문을 묻는 습관을 꾸준히 기르면 임마누엘 일기쓰기를 주기적으로 연습할 수 있다. 우리가 이렇게 묻고 경청하려 할 때, 하나님의 평강이 우리 삶을 인도하고 있음을 경험하게 되고, 하나님의 임재에도 보다 민감하게 된다.

부부 관계에서

임마누엘 일기쓰기는 모든 관계에 도움이 되지만, 특히 우리 삶에서 친밀한 교감을 나누는 데 도움이 된다. 결혼을 했거나 자녀가 있다면 지루한 일상의 과제를 처리하는 것과 관계를 키워가는 것 사이에서 균형을 잡기가 얼마나 힘든지 잘 알 것이다. 균형 잡히지 않은 삶은 일의 성과와 건강, 자녀, 학업 성취와 가정에 치명적인 악영향을 미친다. 갈등이 생겨나면 우리는 대개 의사소통에 신경을 쓴다. 즉, 의사소통 기술을 개선함으로써 평강을 회복하려 한다는 말이다. 그런데 이런 접근 방식이 얼마나 효과적일까? 의사소통만 잘하면 평강이 회복될 것이라는 기대를 가지고 전문가들의 도움을 청한다면 당신은 실망하게 될 가능성이 높다. 잃어버린 평강을 회복하기 위해 다른 사람과 대화를 통해 문제를 해결하려고 하기 전에 먼저 임마누엘 일기쓰기를 통해 하나님으로부터 필요한 지혜와 평강을 얻는 것이 중요하다. 속도를 늦추고 하나님께 자신 안에 있는 두려움과 그 원인을 고백하면 수많은 오해들이 풀릴 수 있다. 우리 안에 샬롬이 자리 잡으면 하나님의 영이 우리 삶을 주관하시면서 우리를 다른 이들과 대화할 수 있는 자리로 돌려놓으실 것이다. 그러면 평강을 찾아다니는 대신 평강을 나누게 될 것이다.

자녀 양육에서

자녀 양육은 큰 기쁨의 원천인 동시에 불안감의 원천이 될 수 있다. 우리가 가지고 있는 인내심과 친절함보다 더 큰 인내와 친절이 필요한 상황들도 생길 수 있다.

자녀와의 관계를 강화하는 방법으로 임마누엘 일기쓰기를 어떻게 활용할 수 있는지 알아보자.

- 자녀의 관계회로 회복을 위해 조율을 제공: 자녀의 관계회로가 꺼졌을 때 회복을 돕는 것은 부모의 책임이다. 부모는 성인이고 더 성숙한 두뇌를 가지고 있기 때문이다. 하지만 부모들 역시 뇌를 훈련하는 과정에 있다. 자녀들과의 갈등이 고조되면, 부모의 관계회로 회복은 고사하고 자녀가 관계회로를 회복시키도록 도와주는 것도 정말 어려워진다. 자녀의 관계회로를 돕는 동시에 부모 자신의 관계회로를 회복시키는 구체적인 방법으로 임마누엘 일기쓰기를 활용해 보라. 필요하다면 구술 방식을 사용해도 좋다. 임마누엘의 기도 순서는 부모와 자녀를 모두 잠잠하게 하는 데 도움이 된다. 자녀들은 자신에게 문제가 되는 주요 감정과 싸우고 있는 경우가 많은데, 사실 우리 모두가 하나님의 조율과 샬롬을 경험해야 할 필요가 있다.

- 하나님과 교감을 나눔으로써 부모와 자녀 사이의 오조율 정비: 애착에 관한 연구를 보면, 자녀들이 꼭 필요한 순간에 부모와의 교감 형성에 실패했을 때 이를 바로잡는 것이 중요하다고 설명하고 있다. 감정이 조절되지 못한 상태에서 부모가 자녀들을 함부로 대하고 반사적으로 반응하는 일을 반복하게 되면 후에 가슴을 치며 후회하는 데 엄청

난 시간을 쏟게 될지 모른다. 우리 역시 좋은 부모가 되어야겠다는 결심대로 살아내지 못한 적이 참 많다. 자녀 양육에서 실패가 불가피한 것은 사실이지만, 그럼에도 불구하고 자녀와의 관계에서 속히 회복을 도모하도록 노력해야 한다. 임마누엘 일기쓰기를 먼저 부모의 평강의 회복을 위해 사용하기를 권한다. 하나님과 교감이 잘되는 상태에 도달하면 자녀에게 하나님이 당신과 어떻게 교류하셨는지 이야기해 줄 수 있다. 자녀가 어리다면 일기를 모두 읽어 주기보다 당신에게 하나님의 생각이 어떠한 인상으로 다가왔는지 요약해서 이야기해 주기를 권한다. 하지만 자녀가 충분히 이해할 수 있는 나이라면 하나님과 교제한 내용을 읽어 주라. 이 과정을 통해 우리는 자녀들에게 어려움이 있을 때에도 우리 모두가 하나님께 가까이 나아갈 수 있음을 가르쳐 주고 보여 주게 된다.

교회 안에서

임마누엘 일기쓰기는 목회자와 영적 지도자들로부터 돌봄을 받는 개인들을 위한 도구/숙제로 활용될 수 있다. 교회 리더들은 임마누엘 일기쓰기를 상처 받은 개개인의 치유 과정을 돕는 도구로 소개할 수 있다. 많은 목회사와 소그룹 리더들의 삶에는 늘 자신의 문제에 대해 이야기하고 싶어 하는 고통 받는 사람들이 많이 있다. 이들은 확인이나 위로가 필요할 때마다 목회자들에게 전화를 걸기도 한다. 이들은 인정의 효력이 떨어질 때마다 인정을 받으려고 끊임없이 찾아오기도 하고, 자기 이야기를 들어줄 다른 사람을 찾아 나서기도 한다. 인정에 대한 이들의 필요는 바닥을 알 수 없을 만큼 깊기 때문에 대부분의 사람들은 이러한 사람들을 피하거나 멀리한다. 그러나 이들이 임마누엘 일기쓰기를 시작한다면 하나님과의 교류를 통해 인정과 위로, 변치 않는 평강을 얻을 수 있게 될 것이다.

임마누엘 일기쓰기는 하나님과 보다 친밀한 교감을 증진시키는 일환으로 소그룹에서 활용될 수 있다. 정기적으로 모여 임마누엘 일기쓰기를 연습하는 시간을 가지면 참여자들의 삶 속에 보다 빠른 변화가 일어나는 것을 볼 수 있게 될 것이다. 또한 각자 임마누엘 일기쓰기를 하고 난 후 한 사람씩 돌아가면서 소리 내어 읽는 것을 연습하면 기쁨과 평강이 증폭되는 유익을 얻게 될 것이다. 참여자들은 자신의 일기를 읽을 때나 다른 이들의 일기를 들을 때에 유익을 얻게 될 것이다. 공동체가 임마누엘 일기쓰기를 함께 함으로써 얻게 되는 유익에 대해서는 6장에서 상세히 살펴보도록 하겠다.

임마누엘 일기쓰기 그룹을 촉진하는 또 다른 방법은 개인적으로 임마누엘 일기쓰기를 하고 모이기 전에 이메일을 통해 나누는 것이다. 참여자들은 자신이 적은 것 가운데 가장 의미 있는 일기를 가지고 와서 그룹 모임에서 소리 내어 읽으면 효과적이다.

다음 장에서는 하나님과 생각 맞추기를 공동체에서 나눌 때 성품의 변화, 성도 간의 교제, 샬롬과 성숙함이 어떻게 일어나는지를 살펴보겠다.

chapter 06

임마누엘 공동체를 세우라

"공동체에서 서로의 임마누엘 경험을 나누고 경청할 때,
우리 안에 있는 샬롬이 증폭된다."

임 마 누 엘   일 기

저자 존의 고백이다.

대학교 때의 일이다. 당시 나는 예수님이 마치 내 옆에 계신 것처럼 그분과 깊이 교제하기를 원했다. 그리고 그분과의 교제 속에 내 친구들도 함께 있기를 원했다. 그래서 친구들에게 이런 말을 했던 기억이 난다. "예수님이 지금 이 자리에 우리와 함께 계신 것처럼 그분과 이야기하고 그분의 음성을 들을 수 있지 않을까?" 친구들은 내 이야기를 듣고 고개를 끄덕였지만 무슨 말을 해야 할지, 어떻게 해야 할지 모르는 것 같았다. 나의 질문을 뒤로 하고 우리는 그냥 하던 일을 계속했다. 구체적으로 어떻게 해야 할지 나 역시 알지 못했기 때문에 그때 내가 던진 질문은

늘 답 없는 질문으로 내 마음 한구석에 남겨져 종종 나를 답답하게 했다. 최근까지도 그랬다. 그러다가 그리스도 안에서 다른 사람과 생명을 주고받는 기쁨을 구체화하는 한 방법을 발견하게 되었는데, 그것이 바로 '그룹으로 임마누엘 일기쓰기'를 연습하는 것이었다. 한 시간에서 한 시간 반 동안 임마누엘 일기쓰기를 함께 하면서 나는 그 무엇과도 비교할 수 없는 깊은 기쁨과 나눔이 있는 삶을 그리스도 안에서 경험하게 되었다. 그리스도 안에서의 삶을 더욱 심화시키기 위해 우리가 매주 (아이들이 학교에 간 동안) 함께 모여 연습을 할 수 있었던 것은 참 감사한 일이다. 나는 이제 다른 이들도 각자의 마음과 일기장을 열어 임마누엘 일기쓰기를 그룹으로 연습함으로써 내가 경험했던 것과 같은 새로운 차원의 생명을 경험할 수 있기를 소망한다. 같이 모여 마음을 가다듬고 하나님의 평강을 회복시키는 연습을 할 때, 우리는 그리스도의 몸된 지체들이 의미 있고 창의적인 방법으로 하나 되는 것을 경험하게 될 것이다.

소리 내어 임마누엘 일기 읽기

임마누엘 일기쓰기의 마지막 단계는 '일기 소리 내어 읽기'이다. 일기를 소리 내어 읽을 때에 우리는 마음과 생각, 영혼의 깊은 곳에서 평강을 경험하게 된다. 소리 내어 읽는 단순한 과정이 우리의 경험을 한 차원 높여 주기 때문이다. 물론 하나님과의 교류를 글로 옮기는 과정에서 이미 큰 위로를 받고 마음이 전보다 훨씬 편해진 사람들은 소리 내어 읽는 단계를 대수롭지 않게 생각할 수도 있다. 하지만 하나님과의 교류를 소리 내어 읽으면 통합적인 회복이 일어난다. 또한 하나님과의 일대일로 자신이 경험했던 내용이 소리 내어 읽는 과정을 통해 듣는 이들의 긍휼과 사랑을 받아 더욱 깊어지는 일이 일어난다. 일기를 소리 내어 읽으면 좌뇌의 언어와 우뇌의 정서적 경험이 통합되는 일이 일어난다. 그렇기 때문에 소리 내어 읽는 것은 내적으로나 외적으로 유익이 된다. 우리 개인의 임마누엘 경험을 이야기하고 우리 공동체가 그것을 경청해 줄 때, 우리 안에 있는 샬롬이 증폭되는 것이다.

읽는 사람

시간을 내어 임마누엘 일기를 신뢰하는 사람들에게 읽어 줄 때, 우리는 우리가 나눈 하나님과의 대화를 다시 듣게 되는 경험을 하게 된다. 하나님과의 교제 내용을 공동체 안에서 소리 내어 읽을 때, 우리 안에 있는 연약함에 대한 수치심이 극복된다. 또한 형제자매들이 우리의 일기에 귀 기울여 줌으로써 하나님과 함께 하면 이로 인해 우리 안에 있는 기쁨과 평강이 증폭된다. 이렇게 우리는 하나님께 받은 사랑을 서로 나누면서 서로 간의 대화가 풍성해지고 진실해진다. 우리가 적은 일기를 읽고 들으면서 그 기록이 우리를 향한 하나님의 돌보심과 선하심의 가시적인 표현이라는 사실을 깨닫게 된다. 하나님의 생각이 우리 머리나 노트에만 머물지 않고 우리 마음속에서 살아나는 경험을 하게 된다. 뿐만 아니라 듣는 사람들도 복을 누리게 된다.

예수님을 만난 우물가의 여인처럼 하나님과 얼굴을 마주 대하는 경험을 하게 되면 달려나가 다른 이들에게 예수님을 전하지 않을 수 없게 된다. 우물가의 여인은 예수님이 본인보다 자신을 더 잘 아신다는 사실에 놀랐고, 달려가 마을 사람들에게 예수님에 대해 이야기했다. 이 여인은 선하시고 친절하시며 사랑이 많으신 예수님에 대해 사람들에게 전하면서 자신의 삶에 대한 수치심을 극복할 수 있게 되었고, 여인이 경험한 기쁨과 소망으로 인해 온 마을 사람들도 이 여인이 경험한 기쁨과 소망을 맛보게 되었다.

우리 삶에 역사하시는 하나님의 능력에 대해 감사를 표현하는 것은 우리의 책임이자 특권이다. 하나님이 누구이시며 우리에게 어떠한 영향을 끼치시는가가 우리 대화의 중심이 되면, 교회는 온 세상을 하나님께 이끌 수 있을 만큼 매력적인 곳으로 변하게 될 것이다.

듣는 사람

하나님과 교류한 사람의 이야기를 잘 경청할 때, 우리는 그에게 기쁨을 선물로 주게 된다. 성경은 경청의 지혜에 대해 분명히 이야기한다. 잘 경청함으로써 우리는 우리 자신과 공동체, 그리고 하나님을 만나는 거룩한 공간을 만드는데 동참하게 된다. 이 공간에서 하나님은 우리의 생각을 온전히 조율하신다. 임마누엘 일기를 경청할 때, 우리는 그들을 향한 하나님의 조율의 가시적 증표가 된다. 또한 우리의 경청을 통해 공동체는 강하게 결속된다. 우리는 즐거워하는 자들과 함께 즐거워하고 우는 자들과 함께 울게 될 것이다(롬 12:15). 우리는 아픔 중에서도 성장하기를 멈추지 않을 것이다. 또한 하나님과 대화하면서 어떻게 하면 복음을 실제적으로 살아낼 수 있을지 소망하는 사람들과 기뻐할 것이다. 우리는 비통함과 상처, 고통으로 힘들어하면서도 하나님과의 여정을 계속하기 위해 고군분투하는 이들과 함께 울 것이다.

경청하려면 섬김의 마음과 베푸는 마음이 필요하다. 공동체에 속한 형제자매들과 동행하기 위해 우리의 귀한 시간을 내는 것은 결코 쉬운 일이 아니다. 때로는 불편하고 고통스럽기까지 하다. 다른 사람의 경험이 내 안에 있는 상처를 건드릴 때면 경청하기가 더욱 힘들다. 하지만 고통스런 순간들이 다른 사람과 나눠질 때 진정한 치유를 경험할 수 있음을 기억해야 한다. 형제자매들이 하나님의 음성을 듣고 샬롬을 경험하는 것을 보면 하나님의 선하심에 대한 우리의 신뢰도 깊어진다. 신뢰는 하나님과의 유대감을 키우고, 임마누엘 샬롬을 바탕으로 우리가 공동체의 정체성에 더 깊이 뿌리내릴 수 있게 해 준다.

임마누엘 일기를 소리 내어 읽을 때, 이를 듣고 영향 받는 존재가 또 하나 있다. 바로 우리의 뇌이다. 뇌는 생각하는 것과 듣는 것을 다른 방식으로 처리한다. 우리가 직접 쓴 글을 소리 내어 읽으면, 그 단어와 의미가 새로운 자리로 들어간다. 소리 내어 읽을 때, 더 깊은 의미를 깨닫게 되면서 스스로도 깜짝 놀라게 되는 것이다.

믿음의 걸음을 떼다

하나님과 친밀히 교류한 내용을 친구에게나 소그룹 앞에서 공개적으로 읽는 것을 힘들어 하는 사람들도 있고, 이에 대해 거부감을 가지고 있는 사람들도 있다. 내 이야기가 다른 사람들의 시간과 관심을 빼앗을 만큼 중요하지 않다고 걱정하는 사람들도 있고, 듣는 사람들이 자신을 판단하거나 오해하고, 나아가 거절하지 않을까 두려워하는 사람들도 있다. 우리의 가장 내밀한 생각과 감정을 다른 사람들과 나누는 데에는 분명 위험이 따른다. 특히 마음의 연한 속살을 내비쳤다가 상처 받은 적이 있는 사람이라면 그 두려움은 더욱 커진다. 사람들이 우리의 약함을 경멸하고 거절하고 벌하고 심지어 이용하기도 하기 때문이다.

일기를 나눌 때에 가장 중요한 기본 수칙은 모든 약함에 대해 온유하게 대하는 것이다. 개인적으로나 그룹으로나 자신의 약함과 다른 이들의 약함을 어떻게 대하고 있는가를 살펴보면 그 사람과 그룹의 성숙도를 알 수 있다. 우리 모두는 고통 중에 있는 사람들을 긍휼히 여기고 부드럽게 대하는 기술을 완전히 습득하지 못했다. 이런 현실 때문에 임마누엘 일기를 다른 사람과 나눌 때 아무런 위험이 따르지 않는다고는 말하지는 못하겠다. 그러나 물 위를 걷고 싶다면 배 밖으로 발을 내딛고 손을 내밀어 예수님을 붙잡아야 되지 않겠는가? 베드로처럼 물에 가라앉기 시작했더라도 언제든 예수님을 바라보며 그분 안에서 평강을 되찾을 수 있다.

임마누엘 일기를 다른 이들과 나누면 효과가 증폭된다

개인의 경험을 넘어선 임마누엘 일기쓰기의 유익을 살펴볼 차례이다. 임마누엘 일기를 써내려가는 과정을 통해 우리가 평안을 경험하는 것과 마찬가지로, 그 일기 내용을 다른 사람과 나눌 때 읽는 사람과 듣는 사람 모두가 큰 유익을 얻는다. 가장 중요한 세 가지 유익에 대해 살펴보자.

1. 임마누엘 일기를 나누면 자신뿐 아니라 일기를 듣는 이들 안에 기쁨과 평강이 증폭된다.
2. 임마누엘 일기를 나누면 세 방향의 가족유대(three way family bond)를 형성할 수 있으며, 하나님의 자녀로서의 그룹 정체성을 확립하는 데 도움이 된다.
3. 임마누엘 일기를 나누면 자신의 이야기에서 빠지거나 잘못 이해한 부분을 일관성 있는 구속적 삶의 이야기로 정리하는 데 도움이 된다.

기쁨과 평강의 증폭

가장 강력한 의사소통 수단은 말이 아니다. 우리 뇌는 표정, 목소리 톤, 자세, 타이밍, 기타 바디 랭귀지를 통해 다른 사람의 기분이나 감정을 알아차리도록 설계되어 있다. 우리 뇌는 이러한 감정 신호를 자연스레 증폭시킨다. 그래서 두 사람이 동일한 감정을 공유하면 그 감정은 고조된다. 한 사람의 뇌가 상대방의 뇌의 기쁨을 공유하면 그 결과 두 사람의 뇌 모두에서 기쁨이 증폭된다. 괴로움도 마찬가지이다.

번민과 괴로움, 자연재해, 여성과 아동에 대한 범죄로 가득 찬 세상에서 우리 뇌는 종일 괴로움을 증폭시킨다. 하지만 크리스천인 우리는 다르게 살아야 한다. 우리 삶은 소망과 기쁨, 평강과 사랑으로 빛나야 한다. 그렇다면 고통과 괴로움으로 포화 상태에 도달한 이 세상에서 어떻게 그런 상태를 유지할 수 있겠는가? 기쁨과 평강의 새 문화를 실질적인 방식으로 일구어 내기 위해서는 기쁨을 발견하고 증폭시키는 법을 연습해야 한다. 임마누엘 이야기를 나누고 경청하게 되면, 하나님이 어떻게 우리를 괴로움에서 기쁨으로 돌이키시고, 샬롬을 회복시켜 주시는지를 깨닫게 되면서 우리 안에 있는 소망이 증폭된다.

세 방향의 유대와 하나님의 백성으로서의 그룹 정체성 형성

서구 문화는 두 사람의 로맨틱한 관계나 절친한 친구 간의 양방향 유대를 미화하는 경향이 있다. 하지만 동시에 세 명 이상이 유대감을 형성하는 데는 서툴다. "둘이면 친구, 셋이면 남"이라고까지 말한다. 사고 공유 상태는 두 사람 사이에서 이루어 질 수 있지만, 그룹 정체성이 형성되기 위해서는 세 명 이상이 필요하다. 인생모델(Life Model, 짐 와일더 박사와 여러 명의 목회자, 상담가, 뇌 과학자들에 의해 창안되었으며 상담, 회복, 목양, 기도, 축사, 내적치유, 자녀양육, 육체의 치료까지 포함하는 통합적인 지유회복의 모델이나ー

역자 주)은 이를 '세 방향의 유대'라고 부른다. 이 기술은 터득이 쉽지 않지만 공동체를 세우는 데 필수적이다.

아버지와 아기가 함께 즐거워하는 모습을 보고 어머니가 기뻐하는 것이 세 방향의 유대(가족 유대)의 좋은 예라 할 수 있다. 아버지도 마찬가지로 어머니와 아이 간의 유대를 보며 즐거워한다. 그러나 아버지가 질투를 느끼고 자신에게 관심을 쏟아달라고 요구하면 세 방향의 유대는 깨진다. 당신은 다른 이들이 기쁨을 공유하는 모습을 볼 때 함께 기뻐하는가?

삼위일체는 완벽한 세 방향의 유대이다. 삼위일체의 각 인격이 다른 두 인격을 위한 자리를 만들고, 그 역동적인 기쁨 가운데 교감을 유지한다. 이 유대는 사랑의 원(original) 공동체로서 영원 전부터 시작됐고, 지금도 우리를 사랑의 대화로 초대한다. 고통이 엄습해 올 때 사람들은 생명을 주는 이 대화에서 벗어나고 싶어 하지만, 임마누엘 일기쓰기는 우리로 하여금 다시금 이 대화에 참여하게 해 준다. 삼위 하나님과의 대화, 그리스도 안에서의 형제자매와의 대화는 우리를 하나로 묶어 준다.

삼위일체에서 예수님은 언제나 아버지를 가리키시고, 성령님은 언제나 예수님에 대해 증거하시며, 아버지는 예수님을 사랑하시고 우리를 성령님께 맡기신다. 신뢰와 희생, 존중의 역학은 삼위일체의 신비 속에 나타난 하나님의 성품의 초석이다.

우리가 성령님께 의지하고 삼위일체의 삶을 따라 살아가면 서로를 대하는 방식이 완전히 달라지게 될 것이다. 즉, 우리가 모두 가족이 될 것이다.

우리는 가족 정체성을 구축해야 성숙에 이를 수 있고, 그 과정에서 어느 누구도 없어서는 안 되는 중요한 구성원임을 깨닫게 된다. 우리 한 사람 한 사람은 공동체에 속해 있고 또한 어느 누구도 우리 각자의 자리를 대체할 수 없음을 알기에 영역을 나누고 텃세를 부릴 필요가 없게 된다. 또 언제나 다른 사람이 앉을 자리를 만들어 줄 마음의 여유가 생기게 된다. 하지만 많은 이들이 포용보다는 방치와 무시 속에서 자라났기 때문에 내 자리는 항상 내가 알아서 만들어야 한다는 두려움을 가지고 있다. 그래서 다른 사람들이 들어올 수 있는 자리를 만들기보다는 내가 앉을 자리를 만들기에 바쁘다.

신뢰할 수 있는 그룹과 임마누엘 일기쓰기를 연습하면 하나님, 그리고 다른 이들과의 교감이 동시에 시작된다. 임마누엘 일기쓰기는 하나님의 자녀로서 그룹 정체성을 형성하는 실질적이고 기쁨이 넘치는 방법이다. 하나님과 생각을 맞추면 우리 안에 다른 사람들과 생각을 조율할 수 있는 공간이 생기게 된다. 다른 사람의 일기를 들으면서 읽는 사람과 하나님 간의 유대감을 즐거워하면 우리는 세 방향의 유대를 구성하는 세 번째 사람이 된다. 또 우리가 읽을 차례가 되면 다른 이들도 마찬가지로 우리와 하나님 사이의 사고 공유 상태를 바라보며 즐거워할 수 있다. 우리는 하나님과 교감하고 다른 이들과 교감한 내용을 바탕으로 자신의 정체성을 정의하는 사람이 된다. 임마누엘 시력이 우리의 그룹 정체성을 형성한다.

일관성 있는 삶의 이야기 만들기

임마누엘 일기를 다른 이들에게 소리 내어 읽어 주는 시간이 얼마나 가치 있는지 짐과 크리스는 「임마누엘 나누기」에서 잘 설명하고 있다. 하나님과의 교류는 변화의 전반부에 해당하고, 임마누엘 이야기를 다른 이들에게 들려주는 것은 변화의 후반부에 해당한다. 임마누엘 시간을 통해 고통을 치유하게 되면 "우리의 과거의 기억은 성공적으로 정리될 수 있지만 우리의 사고는 과거에 일어난 일을 충분히 이해하지 못하기 때문에 미래를 바라보는 우리의 눈을 바꾸지는 못한다. 단, 우리의 사고는 다른 사람들에게 이야기함으로써 바로 교정될 수 있다" (Wilder, 2010). 우리 각자가 자신들의 임마누엘 경험을 이야기하게 되면 자신이 속한 공동체의 미래를 보는 눈도 달라질 수 있게 될 것이다.

우리의 관계적 정체성은 대부분 우뇌가 관장하지만 서술적 기억, 절차적 기억, 미래에 대한 관점은 언어적 좌뇌가 관장한다. 좌뇌에는 이야기가 필요하다. 이야기는 세상이 어떻게 움직이는지, 어떻게 문제를 풀고 다른 이들에게서 무엇을 배울 수 있는지를 알려 준다. 이야기는 공동체와 가족을 빚어낸다. 이야기는 다른 이들에게 소식을 전하고, 향후 유사한 상황이 일어났을 때 우리가 어떻게 해결할지를 미리 생각하게 해 줌으로써 미래에 대한 우리의 관점을 바꾸어 준다. 하나님의 이야기를 기억하면 믿음이 세워진다. 그래서 임마누엘이 우리를 위해 행하신 일을 이야기해야 하는 것이다.

임마누엘 일기쓰기(일기를 소리 내어 읽는 단계를 포함해서)를 정기적으로 연습하면 삶의 경험이 관계적 의미로 정리된다. 제대로 처리되지 않은 고통스런 순간들은 우리가 자신의 이야기를 일관성 있게 전달하지 못하게 하고, 친밀한 관계를 발전시키는 것을 가로막는다. 임마누엘 일기쓰기는 우리가 잘못 이해했거나 빠뜨린 우리 삶의 이야기를 조리 있게 다시 정리해 줌으로써 우리 삶을 하나님의 거대한 구속사 속에서 이해하게 해 준다. 이러한 관점에서 볼 때, 사람들과 임마누엘 일기를 나누면서 깊은 관계를 맺고 우리 삶의 이야기를 일관성 있게 이해하는 것이 참 중요하다고 생각한다.

샬롬 확인

누구에게나 기쁨도 덕도 되지 않는, 차라리 듣지 않는 편이 나았겠다 싶은 이야기를 들어본 적이 있을 것이다. 당신의 일기가 그룹 모임에서 읽어도 될 만큼 준비되었는지를 점검하게 해 주는 샬롬 확인의 과정을 일기쓰기의 마지막 단계로 권하고 싶다.

당신은 샬롬이 우리가 하는 모든 일에 심판이 된다고 말한 것을 기억할 것이다(골 3:15). 샬롬은 하나님과 사람에 대해 모든 것이 제때, 제자리에, 정량으로, 바른 관계 가운데 존재하는 상태이다. 샬롬은 우리가 하나님과 사고 공유를 하고 있음을 알려 주고 모든 것을 제대로 보게 해 준다. 교회를 향한 바울의 권고를 들어보자.

"샬롬의 주께서 친히 때마다 일마다 너희에게 샬롬을 주시고 주께서 너희 모든 사람과 함께 하시기를 원하노라"살후 3:16, '평강' 대신 '샬롬'을 넣었다.

바울의 권고에서 이해할 수 있듯이 우리에게 임마누엘 시력이 생길 때에야 비로소 샬롬이 가능해진다.

우리의 영은 진리를 추구하도록 만들어졌고 동시에 우리의 뇌는 샬롬을 추구하도록 만들어졌다. 모든 것이 '딱 맞아떨어져' 잘 이해가 되지 않으면 우리의 생각은 불안정한 채로 남아 있게 되며 언제든지 생각을 바꿀 준비를 하고 있다. 반면 모든 것이 잘 이해가 되면 이제 확실히 '알게' 되었으니 더 이상 그 문제에 대한 생각을 바꿀 필요가 없으므로 우뇌의 문을 닫는다. 고통스런 주제에 대해 임마누엘 일기를 쓸 때 우리는 그 결과로 샬롬을 경험하게 되기를 바란다. 샬롬은 우리가 고통스런 내용을 고통 처리 경로를 통해 제대로 처리했다는 신호를 주기 때문이다. 신호를 제대로 파악하지 못할 수도 있을까? 물론이다! 하지만 샬롬이 결여된 경험은 우리가 무언가를 잘못 처리했거나 우리의 처리 과정이 완전히 끝나지 않았다는 증거이다. 그럴 때는 하나님께 왜 자신에게 샬롬이 없는지를 묻고 그분의 응답을 들음으로써 일기쓰기를 마무리하도록 해야 한다. 때로는 샬롬을 찾을 때까지 성숙한 사람으로부터 조율을 받는 것도 필요하다.

대부분의 사람들이 샬롬 없이 사는 삶에 익숙해져 버려 오히려 샬롬이 없는 상태를 정상으로 생각한다. 사실 수다스런 좌뇌는 샬롬이 있는지 없는지 확인할 생각조차 안 할 수 있다. 그렇기 때문에 소리 내어 물어보아야 한다. 샬롬이 있는 데도 미처 깨닫지 못했거나 샬롬이 없는 데도 고통스런 경험을 처리하는 과정을 중간에 그만두었을 수도 있다. 만약 당신의 임마누엘 일기에 샬롬의 이야기가 없다면 그룹 모임에서 읽지 않기를 바란다.

임마누엘 일기쓰기에서 샬롬은 어떤 모습으로 나타나는가?

- 지금 이 순간 하나님과 교류하는 것이 자연스럽다. 하나님이 지금 이곳에 나와 함께 계시며 적극적으로 나를 위해 일하고 계심을 느낄 수 있다.
- 하나님에 대한 나의 신뢰는 확고하고 견고하다. 임마누엘 일기를 공동체 안에서 소리 내어 읽는 것이 나와 하나님과의 교감을 약화시키지 않을 것을 확신한다.
- 나의 약함을 숨기지 않고 강한 척하지 않는다. 두려움 때문에 하나님이나 다른 사람에게 내 약점을 숨기지 않는다.
- 나와 교제하시는 예수님의 임재와 평강이 일기를 다시 읽을 때에도 전처럼 똑같이 느껴진다.
- 임마누엘 일기쓰기 과정을 통해 내 안에 기쁨과 평강, 소망이 증대되었다.
- 다른 사람들을 섬기고 사랑하고자 하는 마음이 더 커졌다.

임마누엘 일기쓰기를 읽고 듣는 과정을 통해 사람들 안에 샬롬이 증폭되는 현상을 관찰하게 되었다. 뇌는 천연 감정 증폭기로서 공동체 안에서 사람 간의 감정을 증폭시킨다. 반면 관계 회로가 꺼지면 문제를 증폭시킨다. 그룹이 샬롬을 경험하고 있고 그 중에 있는 누군가가 샬롬 이야기를 읽으면 그 그룹은 샬롬을 증폭시킬 것이다. 그러나 일기를 읽을 때에 사람들이 샬롬을 잃으면 하나님께 왜 지금 심판이 '샬롬 없음'을 알리는 휘슬을 불었는지 그 이유에 대해 물어야 한다. 이를 위해 정기적으로 샬롬 체크리스트를 살펴보는 것이 큰 도움이 된다.

샬롬 체크리스트

- 지금 나는 평화롭고 고요한가?
  (이 이야기가/일이 잘 '맞아 떨어진다.')
- 나는 하나님의 사랑의 임재를 느끼고 있는가?
- 나는 그 무엇도 하나님의 사랑에서 나를 떼어 놓을 수 없다고 확신하는가?
- 나는 나의 약함을 솔직하게 드러내고 있는가?
- 나는 고통스런 기억 속에서도 하나님의 임재를 여전히 느끼고 있는가?
- 나의 기쁨, 평강, 소망은 커졌는가?

- 내 안에 다른 이들을 사랑하고 섬기고자 하는 바람이 더 커졌는가?

위의 질문에 "예"라는 답이 나온다면 당신이 샬롬을 경험하고 있다고 생각해도 무방하다. 우리는 이 체크리스트를 하나의 질문으로 요약해 볼 수 있다.

"지금 이 순간 예수님을 생각하면 당신을 향한 그분의 사랑이 진실 되게 느껴지고, 다른 이들을 사랑하고픈 마음이 자라나고 있다는 것이 느껴지는가?"

개인적으로 그리고 교회 안에서 연습하기

임마누엘 일기쓰기는 우리가 그리스도의 몸 안에 있는 사랑의 공동체에 참여할 수 있도록 도와준다. 임마누엘 일기쓰기를 통해 마음을 나누는 일이 대수롭지 않아 보일지라도 사랑 안에서 나누면 그것은 분명히 참여한 이들에게 풍성한 생명을 더해 준다. 그 효과는 즉시 가시적으로 드러나기도 하고, 때로는 열매가 조금씩 쌓여가는 것으로 나타나기도 한다.

크리스천의 삶이 사랑과 평강으로 가득하다면 교회가 차고 넘칠 것이다! 소그룹 모임과 사람들의 대화 중에, 또 위원회 회의와 팀 회의, 설교 가운데 임마누엘의 임재가 나타나고, 교회 안에 기쁨과 평강을 증폭시키는 문화가 있다고 상상해 보라. 임마누엘 일기쓰기의 가장 큰 장점은 기쁜 순간뿐 아니라 고통스런 순간에도 하나님의 임재를 인지할 수 있도록 도와준다는 것이다. 또한 하나님과의 교류를 기록하기 때문에 이미 쓴 일기를 쉽게 다른 사람과 나눌 수 있다는 데 있다. 우리는 자신의 마음과 생각을 다른 사람들과 나눔으로써 건강하고 독특한 방식으로 그리스도의 한 몸됨에 동참하게 된다. 하나님의 치유하심은 임마누엘 일기쓰기를 연습하고자 하는 모든 사람에게 가능하다.

당신이 섬기는 교회에서 3주 혹은 3개월 단기간 동안, 임마누엘 일기쓰기를 시행해 보았으면 한다. 저자들이 직접 경험했듯 그 결과가 지금까지 배운 내용을 증명해 줄 것이다. 임마누엘 일기쓰기를 통해 당신의 경험을 다른 이들과 또 우리와 나누어 주기를 바란다.

진행자를 위한 주의사항

그룹에서 임마누엘 일기쓰기를 진행할 수 있도록 도움이 되는 몇 가지 주의사항과 지침을 소개하고 싶다. 5-7명의 소그룹으로 진행할 경우에는 90분이 적절하다. 물론 필요에 따라 유연하게 시간을 배정해도 좋다. 그룹과 함께 진행하면서 적절한 흐름을 찾아가라.

구성원들이 돌아가면서 리더를 해도 되고 한 달에 한 번씩 리더를 정해도 좋다. 그룹에 자연스런 흐름이 생길 때까지 진행자가 구두로 진행하는 방법도 있다. 새로이 참여하는 사람들이 있을 때에는 진행자가 큰 그림을 제시하고 모임의 진행 과정을 설명하도록 한다.

진행자는 참여자들이 다음 단계로 넘어갈 수 있도록 부드럽게 알려 줄 수 있다. 진행자로서 흐름을 크게 방해하지 않으면서 시간을 준수하고 부드럽게 순서를 이끄는 기술을 우리 모두 익힐 수 있다. 정한 시간의 절반이 지났을 때 그룹에게 알려 주는 방법도 생각해 볼 만하다. 예를 들어, '감사로 교류하기'를 시작하고 5분이 지나면 "하나님이 여러분에게 말씀하고 계시다고 느끼는 것을 적기 시작할 시간입니다"라고 말하는 식이다.

그룹 지침 및 목적

그룹 모임 전에 모인 모두에게 그룹 지침을 제공한다.

1. 우리는 개인적으로 또한 그리스도의 한 몸으로서 하나님이 말씀하시는 것을 듣기 위해 이 자리에 모인다.
2. 우리는 사랑 안에서 서로를 보호한다.

a. 서로의 약함을 부드럽게 대함으로써 그룹 안에서의 안전을 도모한다.

b. 그룹 내에서 나눈 내용은 절대 외부로 발설하지 않는다. 만약 다른 사람과 나누고 싶다면 먼저 허락을 받는다.

c. 모임 시간 동안 관계회로를 켜두기로 헌신하고, 관계회로가 꺼졌을 때는 정직하게 도움을 청한다.

d. 임마누엘 일기를 읽기 전에 샬롬 확인을 한다.

3. 그룹 밖에서 자신의 임마누엘 일기를 나누고 싶다면 자유롭게 나눌 수 있다.

하나님의 임재 안에서의 모임(10-15분)

환영: 사람들이 도착하면 반갑게 환영한다. 당신만의 방식과 스타일로 그들과 함께 하는 기쁜 마음을 표현하라.

준비 활동: 모임을 시작할 준비가 되면 간단한 준비 활동을 한다. 그룹에 따라 준비 활동을 달리할 수 있다. 참여자들의 긴장을 풀고 무언가를 나누도록 독려하는 단계이기에 간단하면서도 아주 중요한 단계이다. 사람들이 나누는 동안 기도하는 마음으로 집중하라. 다음의 활동을 고려해 보라.

- 각자 자신의 현재 상태를 1(매우 나쁨)에서 10(매우 좋음) 사이의 숫자로 표현하라.
- 자신의 현재 상태를 한 문장에서 세 문장으로 표현하라.
- 자신의 현재 상태를 이미지로 표현하라.

시작 기도 및 목적: 내주하시는 그리스도의 임재에 우리 마음을 열기 위해 마음을 잠잠히 가다듬는다. 우리가 처한 삶의 형편에 대해 나누는 동안 우리에게 말씀하시는 임마누엘의 음성을 듣고자 한다. 이제 우리는 하나님과 서로의 음성을 경청할 것이다. 모일 때마다 진행자가 모임의 목적을 상기시키거나 서로 돌아가면서 기도문을 읽음으로써 모임을 시작할 수 있다.

눈을 감고 천천히 숨을 쉬며 하나님의 사랑의 임재에 우리 자신을 온전히 내어드리겠습니다. 우리가 내쉬고 들이쉬는 숨이 하나님 아버지가 우리에게 주신 생명의 선물임을 기억합니다. 깊이 숨을 쉬며 예수님이 우리가 들이마시는 공기보다 더 가까이 계심을 기억합니다. 주님은 우리 자신보다도 더 가까이에 계십니다. 생각의 속도를 늦추고 호흡에 집중하며 우리 몸을 거룩한 제물로 내어드립니다. 살아 계신 하나님, 우리는 당신의 종입니다. 우리에게 말씀하여 주옵소서. 예수님의 이름으로 기도합니다. 아멘.

개별적으로 하나님과 교제하기(35–45분)

감사로 교류하기와 하나님과 생각 맞추기를 통해 하나님과 교류하는 개인적인 시간으로 들어가고 있음을 그룹에게 알린다.

1. 감사로 교류하기(10분)

몸과 마음을 잠잠하게 하고 지금 하나님께 감사한 내용을 기록하기 시작한다. (진행자는 참여자들에게 삶의 관계적 측면에서 감사하는 데 집중하라고 독려하면서 어떤 종류의 감사로 시작해도 무방하다는 점을 다시금 알린다.)

오늘 아침 감사할 만한 제목을 찾기 어려운 분들도 계실 겁니다. 하나님께 감사해야 한다는 강박감이 하나님과 교류하는데 장애물이 되어서는 안 됩니다. 지금 있는 그 자리에서 시작하세요. 지금 어떤 생각을 하고 있는지 하나님께 말씀하세요. 예를 들면 다음과 같을 수 있습니다.

"아버지, 지금 제가 이 자리에 있지만 여전히 저희 가족과 오늘 아침에 있었던 일 때문에 화가 납니다. 제가 주님과 지금 이 자리에 함께 할 수 있도록 도와주세요.

2. 하나님과 생각 맞추기(25-35분)

감사로 교류하기가 끝나면 다음 단계로 넘어가기 전에 하나님께 묻는 시간을 갖는다. "예수님, 오늘 무엇에 대해 제게 말씀하시고 싶으세요?" 대화의 주제를 분별하고 나면 임마누엘로부터 받은 인상을 적기 시작한다. 구체적으로 떠오르는 것이 없으면 하나님의 임재를 기다리며 겸손히 그분의 눈으로 삶을 바라보면서 지금 있는 자리에서 시작하면 된다. 그러고 나서 아래 목록에 따라 앞에서 배운 하나님과 생각 맞추기 순서를 따라가도록 한다.

1단계: 이런 네 모습이 보이는구나.
2단계: 이렇게 말하는 네 음성이 들리는구나.
3단계: 이 일이 네게 얼마나 의미 있고 중요한 일인지 안단다.
4단계: 너와 함께 있어 참 좋구나. 나는 네 연약함을 긍휼히 여긴단다.

5단계: 네가 힘들어 하는 일(중요한 일)을 내가 도와줄 수 있단다.

소리 내어 읽기(30-40분)

소리 내어 읽는 시간이 시작됨을 알린다.

1. 진행자 확인: 진행자는 다음과 같이 진행하면서 부드럽게 사람들을 모은다

잘 진행되고 있나요? 몇 분 후에 읽는 시간을 시작하겠습니다. 모두 읽을 준비가 되셨나요? 잠시 멈추고 하나님의 인도하심을 구합시다. "성령님, 우리가 모여서 나누는 서로의 이야기를 통해 당신께 귀 기울일 때 우리에게 말씀해 주옵소서."

2. 진행자가 일기를 소리 내어 읽는 목적과 지침을 상기시킨다

우리가 하나님과 그분의 자녀 사이의 거룩한 순간에 귀를 기울이고 있음을 기억하시기 바랍니다. 잠시 생각의 속도를 늦추고 소리 내어 읽기 전에 우리 생각의 샬롬을 확인하겠습니다. 모두 일기를 읽으시는 분을 주목해 주

시기 바랍니다. 그분이 나누는 동안 아버지의 임재 속에 거할 수 있도록 기도합시다. 다 나눈 후에는 잠시 침묵하며 기도하고(30초 혹은 그룹이 편안하게 느낀다면 그 이상), 하나님이 사랑과 친절함으로 그분과 함께 하시는 모습을 그려보겠습니다.

3. 진행자가 "누가 먼저 나누시겠습니까?"라고 질문한 뒤에 읽고 경청하는 과정을 진행한다

첫 번째 참여자가 나눈 후 잠시 멈춰 침묵하며 기도하는 시간을 갖는다. 이어 진행자가 "나누어 주셔서 감사합니다. 침묵의 시간 동안 발견하신 것이 있습니까?"라고 묻는다. 자기 자신의 일기를 읽은 후 새롭고 신선한 방식으로 하나님의 말씀을 듣게 되는 일이 종종 있기 때문에 방금 나누었던 사람이 이 질문에 답할 시간을 준다.

첫 번째 참석자가 나누고 나면 진행자가 계속해서 다른 사람이 일기를 읽어 주는 것이 어떤지 제안한다. "다음은 누가 하시겠습니까?"라고 물어도 좋다.

4. 진행자가 그룹 모임을 마무리한다

진행자나 다른 사람의 기도로 마무리한다. 그룹 모임을 마

무리하면서 참여자들에게 기쁨을 쌓고 소속감을 키우자고 다시 한 번 제안한다. 진행자는 그룹 모임을 마치고 돌아가는 사람들에게 기쁨과 소속감을 느끼게 해 준다. 또 그룹 밖에서 당신이 어떻게 임마누엘 일기쓰기를 연습하고 있는지 나눔으로써 참여자들도 그렇게 할 수 있도록 격려한다.

오늘 함께 해서 참 기뻤습니다. 저는 벌써 다음 주가 기대됩니다. 사실 지난주에 제 샬롬이 사라졌다는 사실을 깨닫고 나서 하나님과 교류의 시간을 가졌고, 수잔에게 전화를 걸어 제 일기를 읽어줬습니다. 정말 큰 도움이 됐습니다. 예수님은 하루 24시간, 1년 365일 우리와 함께 하시며 언제든 우리를 만나주시기 때문에 다음 모임까지 기다릴 필요가 없습니다. 우리도 다음 모임까지 서로가 필요할 때면 언제든 함께 할 수 있기를 바랍니다.

공동체 샬롬 확인

개인적인 샬롬 확인을 소그룹에서 소리 내어 나눌 때 우리의 경험은 더욱 풍성해진다.

"이것이 제게 샬롬을 줍니다." "지금 이 순간에는 샬롬을 경험하지 못하고 있습니다. 돌아가서 이 부분에 대해 예수님과 더 깊이 교류해야겠어요." 하지만 그룹 차원에서 샬롬을 확인하는 방법을 개발하면 한 단계 더 깊이 들어갈 수 있다. 함께 샬롬을 확인하는 시간은 공동체적인 지원을 받을 수 있는 중요한 기회이다. 공동체 전체가 샬롬을 확인하는 목적은 하나님의 선하심에 대한 신뢰를 키우기 위함이다. 잠시 멈추고 다음의 질문을 함께 생각해 볼 수 있다. "내가 적은 내용이 내게 샬롬을 주는가?" "당신이 들은 내용이 당신에게 샬롬을 주는가?"

진행자는 지혜롭고 온유하게 그룹을 이끌어야 한다. 대개는 그룹이 안전하고 모두가 기본 지침을 잘 따르면 이 순서가 매끄럽게 진행된다. 샬롬을 경험하지 못하는 사람이 있다면 돌아가서 예수님과 교류의 시간을 갖도록 부드럽게 권면한다. 중요한 것은 각 사람을 부드럽고 온유하게 대하며, 각자가 자신 안에 샬롬이 있는지 확인하는 것이다.

만약 누군가가 "이것이 당신에게 샬롬을 줍니까?"라는 질문에 대답하기를 꺼린다면 진정한 샬롬이 없을 가능성이 있다. 이 또한 확인하고 지나가야 할 자연스런 부분이라 할 수 있다. 그럴 때는 임마누엘과의 교류를 계속하라고 부드럽게 권할 수 있다. 시간이 충분하다면 그 자리에서 교류하는 시간을 가져도 좋다. 그러나 그렇지 않다면 가까운 시간에 임마누엘과의 교류를 계속할 시간을 갖도록 권면한다.

격려의 말

우리는 당신이 임마누엘 일기쓰기를 통해 당신 안에 거하시고, 당신에게 말씀하시며, 당신을 어떻게 보시는지 알려 주시고, 피난처가 되어 주시는 그리스도를 통해 변화를 경험하게 되리라 믿는다.

이 간단한 도구는 우리로 하여금 깊은 고통의 순간과 참된 기쁨의 순간을 주님과 함께 나눌 수 있게 도와주었다. 또한 그리스도 안에서 다른 사람들과 풍성한 삶을 나누며 살게 해 주었다(코이노니아). 바라건대 당신도 임마누엘 일기쓰기를 직접 연습하고, 그 결과를 시험해 보기를 기도한다. 임마누엘의 시간에 성령의 열매가 자연스레 당신 안에 자라나거든 이 연습을 다른 이들에게도 전하기 바란다. 예수 그리스도의 복된 소식이 전염성 있게 전파되었으면 좋겠다.

우리들의 기도

하나님! 우리 안에 거하시는 성령님의 능력으로 우리가 당신의 마음을 알고 긍휼로 우리를 품어 주시는 예수 그리스도를 보게 해 주옵소서. 성령님! 우리 안에 있는 생명을 풍성하게 하사 우리가 이웃을 사랑하고 섬길 때, 하늘 아버지께서 필요한 모든 것을 공급하신다는 것을 신뢰함으로써 늘 먼저 아버지의 나라를 구하게 해 주옵소서.

임마누엘의 아름다운 임재가 당신을 만나고자 하는 자들의 마음을 환하게 비추어 예수님이 그들을 사랑하시듯, 그들도 다른 사람들을 자유롭게 사랑할 수 있게 되기를 기도합니다. 또한 오늘 만나게 될 모든 사람을 사랑하며 그들의 삶이 더욱 풍성해지기를 기도합니다.

chapter 07

임마누엘 일기에 대해
묻고 답하다

"임마누엘 일기는 당신의 생각과 삶 속에 거하시는 하나님의 임재를 보다 민감하게 인식할 수 있는 효과적인 도구로써 이 장에는 주요 궁금증에 대한 자세한 설명을 담았다."

임마누엘 일기

1. 감사로 교류하기나 하나님과 생각 맞추기를 얼마나 자주, 그리고 언제 연습해야 하는가?

임마누엘 일기쓰기의 세 요소는 필요하다면 얼마든지 연습하는 것이 좋다. 그 세 가지 요소는 '감사로 교류하기, 하나님과 생각 맞추기, 일기 소리 내어 읽기'이다. 임마누엘 일기쓰기에서 감사로 교류하기와 하나님과 생각 맞추기 단계를 구분해 보자. 대부분의 사람들이 고통을 경험하고 있거나 인생에서 어려운 시기를 지나고 있을 때에 하나님과 생각 맞추기를 연습하고 싶어 한다. 이것은 거의 즉각적으로 고통을 경감시키고 고통을 당하는 이들에게 소망을 주기 때문이다. 상대적으로 편인한 시기에는 임마누엘 일기를 쓰고 싶은 미음이 유지되기 힘들다. 그래서 고통스러운 상황이 사라졌을 때에도 계속 일기를 쓸 수 있는 동기를 제공받도록 매주 만나 임마누엘 일기쓰기를 함께 연습하는 안전한 그룹에 들어가라고 권하고 싶다. 우리 삶에 현재 일어나는 일들에 대해 하나님과 주기적으로 대화하면 하나님이 우리에게 하시는 말씀을 아주 수월하게 들을 수 있게 된다.

감사로 교류하기를 매일 연습할 것을 권한다. 감사로 교류하기는 쉽게 연습할 수 있고 또 짧은 시간 안에 할 수 있다(5-10분). 더 많은 시간과 집중력을 요하는 하나님과 생각 맞추기와는 다르다(25-35분). 감사로 교류하기는 기쁨을 쌓아 준다. 날마다 이것을 하면 하나님의 임재와 우리를 향한 하나님의 선하심을 더욱 민감하게 인식하게 된다. 나아가 감사로 교류하기를 주기적으로 연습하면 하나님과의 대화가 보다 깊어진다.

감사로 교류하기와 하나님과 생각 맞추기를 주기적으로 연습한 사람들은 시간상 하나님과 생각 맞추기 단계를 빼고 감사로 교류하기만 연습할 때가 있다고 말한다. 신기한 것은 우리의 감사에 대한 하나님의 반응을 살펴보면 하나님과 생각 맞추기 순서와 유사하게 하나님이 반응하신다는 것이다. 우리의 감사에 대한 하나님의 반응을 잘 살펴보면 우리가 그냥 지나쳐 버린 것에 대해서도 하나님은 세심하게 관심을 가지고 계신 것을 알 수 있다. 하나님은 우리의 고통이 참을 수 없을 정도로 악화될 때까지 기다리지 않으신다. 하나님은 우리가 그분과 대화할 때마다 먼저 회복을 시작하신다.

2. 무엇을 써야 할지 모르거나 거부감이 들거나 감사가 느껴지지 않으면 어떻게 해야 하는가?

지금 그 자리에서 있는 그대로의 모습으로 시작하라고 권하고 싶다. 무엇을 써야 할지 모르겠다면 하나님께 솔직하게 표현함으로써 대화를 시작하라. "하나님! 저는 지금 멍해요." "하고 싶은 생각이 하나도 안 들어요." "화가 나요." "배가 고파요." 몸에 느껴지는 감각도 인지하기를 바란다. 신체적인 감각을 인지하면 관계회로를 회복하는 데 도움이 된다. 거부감을 인식하고 있을 때에도 하나님이 우리에게 말씀하시도록 하면 거부감을 넘어서기가 훨씬 수월해진다. 감사는 우리가 어떤 상태로 하나님께 나아가든지 그분이 우리를 받아주신다는 진리를 깨닫는 데서부터 오는 부산물이다.

3. 샬롬 확인이 반드시 필요한가?

그렇다. 샬롬 확인은 반드시 필요하며 유익하다. 샬롬 확인은 자신이 듣고 있는 내용이 성경에 계시된 하나님의 성품과 일치하는지 확인하게 해 준다. 샬롬 확인은 우리 안에, 우리 사이에서 성령의 증거를 기준으로 확인하는 과정이다. 샬롬 확인은 과연 우리가 기록한 내용을 우리 자신에 대한 진리로 받아들일 수 있는지를 드러낸다. 하나님과의 사고 공유 상태는 우리 쪽에서 하나님의 뜻을 왜곡되게 받아들일 가능성이 언제나 존재한다. 하나님과 생각 맞추기를 처음 배울 때면, 우리는 종교적이며 정죄하며 비난하고 경멸하며 또 우리를 두렵게 만드는 음성들을 '듣게' 될 것이다. 그때 우리가 하나님의 음성을 정확하게 들었다고 생각한다면 크나큰 실수를 하게 되는 것이다. 사실 우리가 조금의 왜곡도 없이 하나님의 음성을 들을 수 있다고 생각하는 것은 위험하다. 하지만 골로새서 3장 15절과 다른 성경 구절에서 밝히듯이 우리의 명철을 뛰어넘는 평강이 존재하기에 이 평강이 우리 마음과 영혼 깊은 곳에서부터 공감하는 방식으로 우리 생각이 참되고 선함을 알려 준다는 사실을 신뢰해야 한다. 우리는 샬롬과 평강이 없는 상태에 너무나 익숙해져 버린 나머지 샬롬이 있는지 없는지 확인해야 한다는 사실조차 잊고 산다. 특히 하나님과 생각 맞추기를 할 때에는 반드시 샬롬을 확인해야 한다. 샬롬이 있는지 확인하지 않으면 속을 수도 있다.

  샬롬 확인은 상황에 따라 달리 적용될 수 있다. 우리는 부드럽게 샬롬을 확인할 수 있는 공간을 만들 필요가 있으며, 동시에 개개인은 자신의 샬롬을 항상 확인해야 할 책임이 있다.

    a. 또래 환경: 서로를 신뢰하는 가까운 친구 몇 명이 임마누엘 일기쓰기를 함께 연습하는 상황을 가정해 보자. 이 때에는 각 사람이 그룹 지침과 목적을 먼저 익히기를 권한다. 지침을 읽고 이해한 후에는 각자가 자신의 관계회로와 샬롬 상태를 점검하고 확인할 책임을 진다. 불편한 마음이 들더라도 있는 그대로 자유롭게 이야기하도록 한다. 부드러운 샬롬 확인은 그룹뿐 아니라 개인에게도 안전장치가 되어 준다.

    b. 교회 환경: 임마누엘 일기쓰기 경험이 더 많은 진행자가 리더의 역할을 수행하는 상황을 가정해 보자. 리더를 세우면 삶의 다양한 단계에 있는 사람들을 모아 그룹을 구성해 다양성을 확보할 수 있다. 반면 그룹 내에 교감이 적을 수도 있다. 때문에 의도적으로 샬롬을 확인하는 과정이 필수적이다.

그룹 진행자는 여기에서 지혜와 온유함을 보여야 한다. 대개는 그룹이 안전하고, 모두가 기본 지침을 잘 따르면 이 과정이 매끄럽게 진행된다. 혹시 (진행자/리더가 파악하기에) 하나님을 잘못 이해하고 있거나 샬롬 확인을 통과하지 못한 사람이 있으면 돌아가서 예수님과 교류의 시간을 갖도록 부드럽게 권면한다. 중요한 것은 각 사람을 지혜롭고 온유하게 대하는 것과 각자가 스스로 샬롬 확인을 하는 것이다.

4. '정상'이 무엇인지 새롭게 정의할 수 있도록 '감사로 교류하기'를 사용해도 되겠는가?

그렇다. 감사로 교류하기는 우리에게 정상적인 상태가 무엇인지 새롭게 알게 해 준다. 불안해 하며 잠에서 깨는가? 즐거운 경험이 금세 사라져 버리는가? 우리 뇌는 언제나 상황을 '정상적'으로 유지하기 위해 애쓴다. 정상적인 것이 무엇인가에 대한 인식은 우리가 만 2세가 되기 전에, 우리 삶의 정황이 일반적으로 어떻게 느껴지는지에 따라 결정된다. 죽음이나 질병 때문에 가정이 눌려 있는 상태이거나 부모가 경제적 어려움이나 전쟁 때문에 불안해 하거나 부모가 쉽게 화를 내는 성격이라면 이러한 모든 요소가 우리의 정상적인 감각에 영향을 미친다. 우리 뇌는 말을 배우기 시작하는 두 살 무렵부터 이러한 환경적 감정을 우리 삶의 '정상'으로 설정한다.

후에 분노와 걱정, 우울, 사랑 받지 못하는 상황을 정상으로 인식하지 않기 위해 안간힘을 쓰더라도 우리 뇌는 매일 아침 혹은 긍정적인 사건이 일어난 후에도 금세 다시 처참한 상태를 정상으로 인식하면서, 좋은 일이 있어 봐야 오래 가지 못할 것이고 비참함이 매일의 정상 상태라고 믿게 만든다. 우리 뇌에 새로운 정상을 인식시키지 않는 한 이런 상황은 반복될 것이다.

    a. 새롭게 정상을 설정하기 위한 첫 번째 단계는 우리 몸으로 감사를 느끼는 법을 배우는 것이다. 감사, 감사로 교류하기, 인정을 느낄 때 내 몸에 어떤 느낌이 드는지를 제대로 파악한다면 이 세 가지 감정이 모두 정상적으로 기능하기 시작할 것이다. 몸의 변화를 감지하면 우뇌에 있는 부분들이 함께 움직인다(전두엽 피질, 전측대상회, 뇌도). 우리의 두뇌가 감사를 느끼고 싶을 때 마음대로 감사를 느낄 수 있는 능력이 우리에게 있다는 것을 알게 되면 새로운 가능성이 열리게 된다. 감사로 교류하기를 통해 이 문을 열 수 있다(3장).

    b. 새롭게 정상을 설정하기 위한 두 번째 단계는 5분 연속 감사의 느낌을 유지하는 연습을 하는 것이다. 효과적으로 이 연습을 하기 위해 감사로 교류하기에 "섬에

서의 일출, 모닝커피, 호수에 있는 피도, 줄리의 생일" 같은 개인적인 의미가 있는 이름을 붙이고 일련의 감사 경험의 기억을 모으는 것이 도움이 된다. 이런 감사의 기억이 모아지면 감사 경험을 하나하나 떠올리면서 더 오랜 시간 감사를 유지할 수 있게 된다. 5분간 이 연습을 하고 나면 감사의 감정을 원하는 만큼 오래 느낄 수 있다는 사실을 뇌가 깨닫게 된다.

c. 새로운 정상 인식을 위한 세 번째 단계로 5분간의 감사로 교류하기 연습을 하루에 세 번씩 한 달간 하는 것이다. 하루를 감사로 시작하고 감사로 마치며, 또 그 중간에도 한 번 더 감사를 느끼게 되면, 뇌는 "하루 온종일 감사할 수 있구나"라는 사실을 깨닫게 된다. 우리 뇌는 매우 탁월한 학습기계라서 일단 기분 좋아지는 법을 배우고 나면 그 좋은 기분을 계속 유지할 수 있고, 하루 중 언제라도 원하기만 하면 좋은 기분을 다시 느낄 수 있게 된다. 즉, 우리 뇌가 "이것을 내 새로운 정상으로 삼겠어!"라고 결정하게 되는 것이다.

5. 세 가지 유형(임마누엘 일기쓰기, 임마누엘 기도, 그룹 임마누엘)의 임마누엘 프로세스에는 무슨 차이가 있는가?

특징	임마누엘 일기쓰기	임마누엘 기도 (일대일 상담형식)	그룹 임마누엘 (그룹 상담형식)
성숙한 리더일 경우 (다른 이들을 이끌기 위해) 필요한 학습 시간	1-2시간	6-12시간	5-8시간
성숙한 사람일 경우 (다른 이가 임마누엘 임재를 경험하도록 하기 위해) 필요한 학습 시간	1-2시간	18시간	12시간
미성숙한 사람일 경우 (효과적으로 사용하기 위해) 필요한 학습 시간	1-5시간	40시간 이상	권하지 않음
재난 상황에 대한 적용	상황에 따라 다름	가장 많은 훈련과 조력자가 필요함	가장 유용함
은밀한 트라우마에 대한 적용	공동체를 세우는 데 가장 좋음	공동체 내에서의 관계 실패가 트라우마의 주원인인 경우 가장 유용함	사람들 간의 신뢰가 약한 경우 가장 유용함
뿌리 깊은 문제를 해결하는 능력	높음	높음	높음
장애물 해결의 용이성	더디지만 가장 구조화되어 있음	장애물을 해결하기 가장 **좋음**	해결 불가

어려움	• 글 읽는 능력 필요 • 개인주의적 문화에서 가장 좋음	• 진행자의 확신이 필요함 • 인간적 개입에 가장 취약함	• 감사를 느끼는 능력 결여 • 환경적 소음에 매우 취약함
소요 시간	20분	10-30분	10-15분
동시에 도움을 받는 사람	조용한 장소에서 일기를 써야 하기 때문에 공간적 제약이 있음	1명	수백 명
기쁨의 개발	최고	방법을 터득한 후	최소
최소 사용 연령	8-13세 (지원 필요)	2세	4-6세 (신중히)

임마누엘 일기쓰기는 임마누엘 방법 중 가장 체계적이며 사용과 학습, 지도가 가장 간단한 방법이다. 훈련을 받지 않거나 아주 성숙하지 않은 사람도 감사로 교류하기와 하나님과 생각 맞추기, 공동체 나눔을 배우게 해 준다. 다른 국가를 단기간 방문해서 가르치기에도 가장 간단한 방법이다. 단, 그룹이 읽고 쓸 줄 알아야 하고, 개인적인 표현을 허용하는 문화여야 한다. 구전 및 그룹 문화나 기록을 남기면 믿는 자들이 위험에 처할 수 있는 곳에서는 적합하지 않다.

세 가지 유형 방법 비교

임마누엘 일기쓰기	임마누엘 기도 (일대일 상담형식)	그룹 임마누엘 (그룹 상담형식)
감사로 교류하기 • 감사합니다 　- 하나님을 향한 우리의 감사 　- 하나님의 반응 하나님과 생각 맞추기 • 1단계 • 2단계 • 3단계 • 4단계 • 5단계 일기 소리 내어 읽기 • 큰 소리로 읽기 • 샬롬 확인하기 • 그룹에서 소리 내어 읽기(선택) • 샬롬 확인하기(그룹 안에서) • 샬롬 이야기하기	• 이름을 붙인 세 개의 감사의 기억 찾기 • 하나님께 하나를 선택하도록 도와주시기를 구하기 • 2분간 감사 • 하나님의 임재를 확인 • 하나님께 "하나님이 내가 알기를 원하시는 것은 무엇인가"라고 묻기 • 15초 동안 기다리기 • 샬롬 확인 　없음: 질문으로 돌아감 　있음: 계속 • 무엇이 변했는지 묻기 • 샬롬 이야기하기	• 하나님께 도움 구하기 • 감사의 기억 찾기 • 감사가 없음: 처음으로 돌아가기 • 하나님의 임재 확인 • 2분간 감사 • 감사가 없음: 처음으로 돌아가기 • 하나님에 대한 그룹 질문하기 "하나님이 우리가 알기를 원하시는 것은 무엇인가" • 90초마다 감사 확인 (2,3회) • 샬롬 확인 • 하나님과 마무리하지 못한 것은 다음을 위해 남겨두기 • 무엇이 변했는지 묻기 • 이웃에게 샬롬 이야기하기

트라우마가 개인적인 이유에서 발생했든 공개적으로 알려진 이유 때문이든 그룹 임마누엘은 큰 규모의 그룹에 적용하기에 가장 좋은 방법이다. 다만 이를 지지하는 사회적 문화가

형성되어 있어야 한다. 문화나 교육 수준에 관계없이 성숙한 리더들은 그룹 임마누엘을 쉽게 배울 수 있다. 이 방법은 그룹 및 구전 문화에서 매우 효과가 좋다. 이 프로세스는 부작용이 거의 없지만 장애물이 있는 개인의 경우 그것을 해결해 주지는 못한다.

개인 심화형 임마누엘은 전통적인 치료법, 기도 사역과 가장 유사하다. 상담사 훈련에서 요구하는 것보다는 훨씬 간단하고 안전하지만, 프로세스를 이끌기 위해서는 어느 정도의 치유의 경험과 성숙, 확신이 필요하다. 이 프로세스는 진행자와 기도자-관찰자가 함께 일하는 3인 그룹으로 진행하는 것이 가장 좋다.

세 가지 방법 모두 목표는 동일하다. 사람들을 도와 하나님과의 교류를 막는 장애물을 제거하는 것이다. 세 가지 방법 모두 하나님과의 관계를 세우며, 상처를 해결하는 데 사용된다. 또 세 가지 모두 공동체를 세우고 인도를 받고 회복을 전파하는 데 유용하다.

6. 사람들이 자신의 생각과 감정이 하나님으로부터 왔다고 주장하면서 임마누엘 일기쓰기를 악용할 수도 있는가?

임마누엘 일기쓰기의 기본 목적은 하나님이 우리 삶의 일상을 어떻게 생각하시는지를 그대로 투영하는 사고를 개발하는 것이다. 임마누엘 일기에 기록된 내용을 일부라도 "하나님이 말씀하셨다"라는 식으로 지위를 격상시켜 사용한다면 그것만으로도 이미 임마누엘 일기쓰기를 악용한 것이다. 그보다는 "일기를 쓰기 전과 비교해서 하나님의 관점으로 이 상황을(혹은 이 사람을) 볼 수 있게 되었기 때문에 마음이 더 편해졌어요"라는 식의 표현이 더 적합하다. 하지만 이런 평안도 자기 합리화(자아도취) 성향에서 생겨날 수 있다는 점에서 문제가 될 수 있다.

두 가지 방식으로 샬롬이 경험될 수 있다. 첫째는 임마누엘 시력을 가지고 하나님이 행하시는 일에 내 생각을 맞출 때 생기는 샬롬이다. 이런 샬롬이라면 하나님과 생각을 맞춘 사람들이 우리의 경험을 들을 때에 샬롬을 느끼게 될 것이고, 우리 속에 있는 샬롬도 증폭될 것이다. 이런 샬롬은 우리로 하여금 다른 사람의 약함을 부드럽고 긍휼하게 대하도록 도와줄 것이다. 둘째는 모든 것을 나에게 동기화시킨(자아도취) 상태에서 생기는 샬롬이다. 임마누엘 시력을 가진 사람들이 이런 샬롬의 상태를 접하게 된다면 샬롬을 느끼지 못한다고 보고할 것이다. 또한 이런 샬롬 상태에 있는 사람들은 다른 사람들의 약함을 부드럽게 대하는 대신 자기 합리화에만 급급할 것이다.

7. 임마누엘 일기쓰기에 따른 위험은 없는가?

위험은 많지 않지만 공동체가 다른 이들의 약함을 부드럽게 대하지 않을 때에 영적 학대가 발생할 위험이 있다. 공동체에서 자신의 일기를 읽을 때에 듣는 이들의 반응으로 인해 기쁨의 수준이 낮아진다면, 이 과정에 참여하는 사람들은 일기쓰기 때문이 아니라 공동체의 반응 때문에 상처를 받을 수도 있다. 또한 누군가가 자신의 죄를 영적으로 합리화하는 일기를 쓰고 읽는다면 그 본인에게도 해가 될 수 있다.

임마누엘 프로세스를 사용하는 공동체에서 때때로 나타나는 해롭고 일탈적인 문제를 다음 세 가지로 정리할 수 있다.

첫째, 하나님이 다른 사람을 어떻게 생각하시는지 알기 위해 임마누엘 프로세스를 사용하는 것은 위험하다. 하나님은 우리가 하나님께 나아가지 못하도록 우리 마음을 가로막는 장애물을 깨끗하게 해 주겠다고 약속하셨다. 그러나 다른 사람의 마음에 무엇이 있는지 우리에게 알려 주겠다고 약속하신 적은 없다.

둘째, 다른 사람을 향한 하나님의 말씀을 듣기 위해 임마누엘 프로세스를 사용하는 것은 위험하다. 하나님이 우리에게 하시려는 말씀을 우리보다 더 또렷하게 듣는 것 같은 사람이 있다면 그 사람에게 묻고 싶은 유혹이 들 수도 있다. 이런 방식에 의존해서 하나님의 음성을 들으려 하면 장기적으로는 좋지 않은 결과만 남는다.

셋째, 기억이나 사건과 같은 것들의 '실체를 시험'하기 위해 임마누엘 프로세스를 사용하는 것은 위험하다. 하나님은 우리가 요청하면 역사를 정확히 기술해 알려 주겠다고 약속하신 적이 없다. 임마누엘을 통해 '실제로 무슨 일이 일어났는지' 알아내려는 시도는 결코 소기의 성과를 거두지 못한다.

임마누엘 일기쓰기 그룹을 구성할 때 최소한 3인 이상이 모임에 참여하기를 권한다. 부부 간에 사용하는 경우 외에는 양방향 유대를 독려하기보다 세 방향 유대를 통해 그룹 정체성을 증진시켜야 한다.

8. 하나님의 음성을 듣는 능력을 증진시키기 위해 하나님의 말씀인 성경은 어떤 역할을 하는가?

하나님은 우리에게 다양한 방식으로 말씀하신다. 이 가운데 성경은 가장 신뢰할 수 있는 방식이자 가장 중요한 도구이다. 감사로 교류하기와 하나님과 생각 맞추기가 하나님의 음성을 듣는 방식 중 보다 간접적인 방식에 속하지만 매우 도움이 된다는 점은 분명하다. 모든 상황에 하나님과의 대화에 참여하도록 권하는 이유는 많은 사람들이 성경을 완전히 파악해야만 하나님의 음성을 오류 없이 들을 수 있다고 생각하고는 하나님과의 교류를 아예 시도조차 하지 않기 때문이다.

하지만 하나님의 음성을 인식하는 능력을 강화하기 위해 정기적으로 성경공부에 참여할 필요가 있음은 아무리 강조해도 지나치지 않다. 하나님과 그분의 성품(하나님이 말씀하시는 하나님)을 알아가야 하나님의 음성을 인식하는 능력이 자라난다는 것은 아주 당연한 사실이다.

9. 임마누엘 일기쓰기에서 하나님의 반응을 내 맘대로, 즉 '하나님이 어떤 말씀을 하실지 내가 정하는 것'은 아닌가? 하나님이 오직 성경을 통해서만 말씀하신다고 배웠다. 하나님의 반응을 쓰는 대신 성경을 쓸 수도 있지 않은가?

성경을 인용한다고 해서 그것이 반드시 하나님의 생각을 보장해 주는 것은 아니라는 사실을 우리는 예수님을 시험한 사탄의 예(마 4:1하)를 통해 알 수 있다. 성경을 읽을 때 우리는 그 말씀이 내게 어떤 의미가 있는지, 나의 관점에서 해석하고 받아들인다. 하나님이 오직 성경을 통해서만 우리에게 말씀하신다고 제한하면, 예를 들어 하나님은 우리를 결코 '보스턴'으로 인도하실 수 없다. 성경 구절 어디에도 보스턴은 없으니 말이다.

하나님이 오직 성경을 통해서만 말씀하신다고 가르치는 교회에서 성장했다면 성경의 문자적 내용에서 벗어나 하나님이 주시는 인상을 기록하는 일이 매우 위험한 모험처럼 느껴질 수 있다. 이런 경우 성경 구절을 하나님이 주시는 반응으로 기록해도 좋다. 그러고 나서 "이 구절이 예수님이 지금 내 옆에서 말씀하시는 것처럼 들리고 느껴지는가?"라고 자문해 보라. "그렇다"라면 좋다. "아니다" 혹은 "잘 모르겠다"라면 그 구절을 혼자 소리 내어 읽어 보라. 예수님이 당신 바로 옆에서 당신을 향한 하나님의 부드럽고 따스한 반응으로 그 성경 구절을 직접 말씀하고 계신가? 다음으로 그 구절을 대화 형식으로 다시 써보라. 이렇게 적은 구절이 하나님이 직접 당신에게 말씀하시는 듯한 느낌을 주는지 확인해 보라.

글로 기록된 하나님의 말씀을 개인적인 대화 형식으로 쓰면 하나님과의 애착이 더욱 커진다. 뇌의 레벨 1은 무엇인가가(또는 하나님이) 우리에게 개인적으로 의미가 있는 존재인지 아닌 지를 끊임없이 확인한다는 점을 기억하라.

10. 임마누엘 일기쓰기에 관한 또 다른 자료가 있는가?

다음에 나오는 이 책의 참고문헌을 보면 도움이 될 것이다.

- Lehman, K. (2011), *Outsmarting Yourself*, p.52-282
- Wilder, E.J. (2004), *Living With Men*, p.36-45
- Wilder, E.J. & Coursey, C.M. (2010), *Share Immanuel*, p.5
- Wilder, E.J., Khouri, E., Coursey, C.M., & Sutton, S. (2013), *Joy Starts Here*, p.44-47(「기쁨은 여기서 시작된다」, 두란노)

부록1

용어설명

- 감동 appreciation

누군가 또는 무언가의 가치를 깨닫고 감동받는 것. 그리스도를 따르는 자들인 우리는 모든 선한 것이 하나님의 선물임을 깨닫고 감동을 받게 된다.

- 조율된 교류 attuned interaction

누군가가 "나를 알아주고" 정확히 이해해 준다는 느낌. 누군가가 우리를 민감하고 부드럽고 정확하게 이해한다고 믿을 때 생기는 경험.

- 통제센터 control center

우뇌에는 통제센터라는 감정적 제어 구조가 있다. 4단계 통제센터가 모든 뇌의 지휘 체계를 통솔한다. 내가 누구인지 아는 정체성은 통제센터의 최상부(레벨 4)인 전두엽 피질이라는 부분에 존재한다. 그 아래 레벨 3에서는 대상 피질이라는 두뇌의 구조가 삶의 리듬을 동기화시킨다. 하위의 두 개 레벨은 기본적 평가(레벨 2)와 개인적 현실(레벨 1)을 제어한다. 통제센터의 주된 발달은 출생 이후 2년간 이루어지며 대개 비언어적이며 뇌의 적절한 자극에 따라 발달수준이 결정된다.

- 그룹 정체성 group identity

독립성을 중시하는 서구 문화에서는 잘 인정하지 않지만, 우리는 태어날 때부터 한 집단의 일원이 되어 관계와 언어를 배운다. 청소년기에 또래 집단 정체성이 형성되면서 스타일, 가치관, 생활방식까지 서로 동화된다. 청소년기에는 뇌의 연결 관계가 변화되어 개인의 생존보다 그룹의 생존이 더 중요해진다. 많은 부분에서 우리는 그룹 정체성에 영향을 받는다는 사실을 의식하지도 못한 채 그룹 정체성과 동일하게 생각하고 느끼도록 되어 있다.

• 임마누엘 Immanuel

예수님에게 주어진 이름으로 '우리와 함께 하시는 하나님'이라는 뜻. 하나님이 진정 어떤 분이신지 가장 분명하게 보여 주시는 분이 바로 예수님이시기에 이 이름이 중요하다.

• 임마누엘 일기쓰기 Immanuel Journaling

무엇 때문에 하나님께 감사한지를 기록하고, 완벽하게 우리에게 조율하시는 긍휼이 많으신 하나님의 반응을 경청하는 과정을 말한다. 마지막으로 적은 내용을 그리스도 안에 있는 형제자매에게 나누는 전체 과정을 말한다.

• 임마누엘 생활방식 Immanuel Lifestyle

하나님의 임재를 매 순간 감지하며 사는 것을 우리 삶의 중심점(우선순위)으로 삼는 삶을 말한다.

- 임마누엘 프로세스 Immanuel Process

  레이먼 박사는 하나님과의 안전한 애착과 그분의 임재에 대한 인식으로 시작되는 트라우마 해결 프로세스를 설명하기 위해 이 용어를 사용했다.

- 임마누엘 시력 Immanuel Sight, iSight

  하나님은 선하시고 능하신 분으로 늘 우리와 함께 하시며 우리를 돕고 계신다는 것을 인식하고 믿는 능력이다.

- 감사로 교류하기 interactive gratitude

  하나님께 감사의 이유를 쓰고, 우리의 감사에 대한 반응으로 하나님이 무엇이라고 말씀하시는지 듣고 기록하기 위해 멈추고 기다리는 과정이다.

- 고통의 소화 metabolize pain

  고통이 완전히 소화되고 상처가 치유되기 위해서는 고통의 경험이 우리 뇌의 고통 처리 경로를 통과해야 한다.

- 사고 공유 상태 mutual-mind state

  뇌에 있는 대상 피질이라는 부분이 사고 공유 상태를 만들어 다른 생각을 가진 두 사람 간에 의미 있는 교류를 가능하게 한다.

사고 공유 상태가 만들어지면 우리는 우리가 사랑하는 사람이 생각하고 느끼는 방식으로 생각하고 느끼게 된다.

• 고통 처리 경로pain processing pathway

고통 처리란 고통스런 감정이나 경험이 우리 뇌에서 완전히 해소되는 정상적인 방법을 지칭한다.

• 관계적 기쁨relational joy

누군가가 우리와 함께 함을 즐거워한다는 것을 아는 경험. 마찬가지로 누군가와 함께 함을 기뻐하는 경험, 또는 그런 순간을 기억하는 경험이다.

• 샬롬Shalom

샬롬은 모든 것이 합력하여 선을 이루어 낼 것이라는 믿음이 있을 때에 느껴지는, 모든 것이 조화를 이룬 상태를 말한다. 샬롬은 '그리스도의 평강'이다. 나아가 골로새서 3장 15절은 샬롬이 우리 삶의 심판이 되어서 샬롬이 사라질 때마다 '행동을 멈춰야' 한다고 기록한다.

• 샬롬 확인Shalom check

우리 가운데, 그리고 우리 사이의 성령의 증거에 대한 확인 테스

트로서, 기록한 내용을 우리 자신에 대한 진리로 받아들일 수 있는지, 우리의 경험이 성경에 계시된 하나님의 성품과 일치하는지를 확인하는 것이다.

• 동기화 | synchronize

뇌의 통제센터 레벨 3의 프로세스로 에너지 수준을 맞추고 사고 공유 상태를 나누며 기쁨을 증폭시키고 필요 시 휴식을 취할 수 있도록 해 준다. 내적으로는 우리의 통제센터가 모든 것과 조화를 잘 이루어 작동하도록 동기화하고, 외적으로는 우리 관계가 교감 상태를 유지하도록 동기화한다. 아버지의 말씀을 듣고 그대로 말씀하시고, 아버지가 행하시는 것을 보고 그대로 행하신 예수님을 통해 우리는 하나님과 동기화된다. 동기화는 우리 안에 샬롬을 가져다 준다.

• 생각의 시 | thought poetry

성경의 시(詩)는 소리의 운율만을 맞추지 않고, 히브리 양식을 따라 생각의 운율도 맞춘다. 즉, 하나님의 시(詩)인 우리의 생각과 하나님 아버지의 생각을 맞출 수 있다는 말이다.

• 하나님과 생각 맞추기 | thought rhyming

누군가와 친밀해지면 한 사람이 시작한 문장을 다른 한 사람이 마무리하고 한 사람이 시작한 생각을 다른 사람이 마무리할 수 있게 된다. 진정한 사고 공유 상태에서는 우리 생각이 어디까지이고, 어디서부터 상대방의 생각이 시작되는지 알 수 없다.

• 세 방향의 유대three-way bond

사고 공유 상태는 한 번에 두 사람 사이에서만 공유되지만, 그룹 정체성이 형성되기 위해서는 세 명 이상이 필요하다. 인생모델은 이를 '세 방향의 유대'라고 부른다.

부록 2

임마누엘 일기쓰기
요점정리

정의

- 하나님이 우리 삶의 일상을 어떻게 생각하시는지를 그대로 투영하는 사고를 개발하는 것이다.
- 하나님께 감사한 내용을 기록하고 그분의 긍휼이 충만한 반응을 느끼며 경청한 후에 마지막으로 그리스도 안에 있는 형제자매와 기록한 것을 나누는 과정을 말한다.
- 하나님과의 관계 면에서는 성경의 진리를, 인식의 민감성 향상에서는 신경과학을 적용한 방법이다.

목표

- 온전한 치유는 고통이 없는 상태가 아니라 하나님과 굳건한 관계를 맺는 것이다.
- 하나님의 임재를 보다 민감하게 인식하고 그분과의 깊은 교제를 통해 '샬롬'을 경험해나감으로써 하나님과의 온전한 사고 공유를 한다. 이를 통해 올바른 정체성을 회복시킨다.

과정

하나님의 임재를 인식하는 임마누엘 기도는 세 가지 단계로 구성된다. 임마누엘 일기는 일대일, 소그룹, 집회 등에서 활용할 수 있다.

1. 감사로 교류하기 ➔ 2. 하나님과 생각 맞추기 ➔ 3. 일기 소리 내어 읽기

1. 감사로 교류하기-감사함으로 하나님과 교류하십시오.

1) 내가 하나님께 드리는 감사: 성령께서 떠오르게 하시는 감사의 기억을 기록해 보십시오. 당신의 마음을 감사로 채우십시오. 혹 감사할 내용이 떠오르지 않는다면 정직하게 그 사실을 하나님께 고백하십시오.

예시
"사랑하는 하나님, _____에 대해 감사합니다."

2) 내가 드린 감사에 대한 하나님의 반응: 먼저 자신이 기록한 내용을 깊이 묵상하십시오. 그 후 하나님께 '자신에게 들려주시고자 하는 말씀'이 무엇인지 여쭙고 그 내용을 기록하십시오.

예시
"사랑하는 아이야(또는 자신의 이름), _____"

2. 하나님과 생각 맞추기-선하시고 사랑이 많으신 하나님의 관점으로 삶의 이야기를 기록하십시오.

1) 이런 네 모습이 보이는구나(I can see you): 우리의 행동과 주변 환경을 사랑의 눈으로 바라보시는 하나님의 관점에서 기록하십시오.

   예시 "네가 어둠 속에서 이리저리 움직이는 것이 보이는구나."
   "네 어깨가 뭉쳐 있는 것이 보이는구나."

2) 이렇게 말하는 네 음성이 들리는구나(I can hear you): 우리가 한 말을 다 듣고 계시는 사랑의 하나님의 관점에서 기록하십시오.

   예시 "네가 네 자신을 판단하는 소리가 들리는구나."
   "네가 소리 죽여 흐느끼는 소리를 들었단다."

3) 이 일이 네게 얼마나 의미 있고 중요한 일인지 안단다 (I can understand how hard this is for you): 우리에게 무엇이 얼마나 중요한지 하나님은 다 아십니다. 하나님의 관점에서 그분이 이해하신 내용을 인상으로 받아 기록하십시오.

예시

"내가 얼마나 화가 났는지 이해한단다. 정말 그럴 만하구나."
"이것 때문에 온 신경을 다 쓰고 있구나."

4) 너와 함께 있어 참 좋구나. 나는 네 연약함을 긍휼히 여긴 단다(I am glad to be with you) : 어떤 상황에서도, 심지어 죄를 짓는 상황에서도 우리와 함께 하기를 원하시는 하나님의 마음을 기록하십시오. 하나님은 절대로 우리의 연약함을 함부로 대하지 않으십니다.

예시

"너와 함께 있어 참 좋구나. 나는 네 약함을 부드럽게 살핀단다."

5) 네가 힘들어 하는 일(중요한 일)을 내가 도와줄 수 있단다(I can do something about what you are going through) : 우리에게 좋은 것을 주기 원하시는 하나님의 열심을 기록하십시오.

예시

"이 세상 어떤 것도 너를 향한 나의 열심을 막지 못한단다."

3. 일기 소리 내어 읽기-기록한 일기를 다른 사람들과 나누십시오. 이때 세 방향의 유대가 형성되어 하나님 자녀의 그룹 정체성이 생기게 됩니다.

- **읽는 사람**: 신뢰하는 사람들 앞에서 읽으십시오. 누군가가 우리 이야기를 사랑스런 눈빛으로 들어줄 때, 우리는 임마누엘 하나님을 직접 경험하게 되고 이로써 우리 안에 있는 기쁨과 평강이 증폭될 것입니다. 더욱이 소리 내어 읽을 때 뇌는 더 깊은 의미를 깨닫게 됩니다.
- **듣는 사람**: 경청하기 위해서는 섬김의 마음과 베푸는 마음이 필요합니다. 또한 상대방의 약함을 너그러이 대할 수 있어야 합니다. 이것이 우리의 성숙의 정도를 말해 줍니다.

관계회로 체크리스트

1. 나를 힘들게 하는 문제, 사람, 감정을 없애 버리고 싶다.
2. 다른 사람의 감정이나 이야기를 듣고 싶지 않다.
3. 내 생각은 지금 나를 화나게 하는 무언가에 '완전히 붙잡혀' 있다.

4. 나는 _____(내가 원래 좋아하는 사람)과/와 교감하고 싶지 않다.

5. 나는 도망치든지 싸우든지 아니면 그저 아무것도 하고 싶지 않다(잠잠함 + 교감과 반대).

6. 전보다 더 공격적으로 다른 사람들을 심문하고 판단하며 고치려고 한다.

뇌(우뇌)의 통제센터

레벨	기능	해당 부위	질문	하나님과 생각 맞추기 단계	
1	애착 관계유지 (Attachment)	시상 + 기저핵	"나는 혼자인가? 누군가 거기 없어요?"	1단계	4단계
2	상황을 평가 (Assessment)	편도체	"이 일이 좋은 건가요 나쁜 건가요? 혹 무서운 건 아닌가요?"		
3	조율된 관계유지 (Attunement)	대상 피질	"누군가 나를 이해하고 도와줄 분이 있나요?"	2단계	
4	만족스러운 행동 결정(Action)	전두엽 피질	"(예수 믿는) 사람답게 행동하는 것은 무엇인가요?"	3단계	

※ 하나님과 생각 맞추기 5단계는 뇌레벨 5에 해당하며 여기서부터는 좌뇌의 기능이다.

- 레벨 1: 시상과 기저핵 영역으로 '애착 관계유지' 기능을 한다. 우리가 하나님께 불만이 있을 때에도 '하나님은 우리와 함께 함을 기뻐하신다'라고 확신하는 부분이다.

- 레벨 2: 편도체 영역으로 모든 경험을 '좋다' '나쁘다'로 평가한다. 자신이 감당하기 어려운 안 좋은 경험을 스스로 단절, 분리시킨다. 그러나 이러한 단절 대신 하나님과 계속 교감하는 법을 배워야 한다.
- 레벨 3: 대상 피질 영역으로 사고 공유 상태를 만든다. 그러나 자신이 감당하기 어려운 부정적인 감정에 짓눌리면 일시적으로 관계가 상실되어 조난을 당한 듯 혼자라는 기분이 들 수 있다. 이때는 하나님과 감정을 나누어야 한다.
- 레벨 4: 전두엽 피질 영역으로 우리의 안정적인 애착 반응이 실제로 얼마나 강렬한지를 인정하는 단계이다. 하나님이 인정을 경험하면 우리의 인정과 확인이 된다. 그러고 나면 하나님 안에서 '나'라는 정체성을 통해 부정적인 감정을 헤쳐 나갈 수 있는 능력이 생긴다.

부록 3

임마누엘 일기쓰기 예시

임마누엘 일기쓰기를 연습하기에 앞서 저자 성심 롭노우가 작성한 임마누엘 일기를 참고하십시오.

2016년 7월 13일

📖 감사로 교류하기

1단계: 내가 하나님께 드리는 감사

사랑하는 주님!

좋은 아침입니다. 오늘 아침도 환한 미소로 저를 맞아 주셔서 감사합니다. 한낮의 캘리포니아는 무척 덥지만 아침저녁으로 서늘하게 해 주셔서 감사합니다. 서늘한 아침바람을 주신 하나님께 감사를 고백하며 문득 이런 생각이 들었습니다. 인생에는 한낮의 땡볕도 있지만 아침저녁의 서늘함도 늘 있다는 사실을요. 삼손의 머리카락이 다시 자라듯 주님의 선하심과 신실하심은 제게 아침저녁의 서늘함으로 어김없이 찾아옵니다. 그래서 주님은 제가 신뢰할 수밖에 없는 좋으신 분입니다.

아침저녁 서늘한 바람이 감사한 이유는 제가 거실에만 에어컨

이 하나 있는 집에 살기 때문이겠지요. 때론 작은 에어컨 하나로 더위를 식히지 못할 때 가끔 비참한 마음이 들곤 하지만, 선선한 아침과 저녁이면 하나님의 신실하심과 선하심이 더위를 식혀 주는 파도처럼 제 몸과 마음을 시원하게 해 주니 얼마나 감사한지 모릅니다.

주님께서 잘 아시듯, 저는 과거에 갖지 못한 것들과 미래에 갖고 싶은 것들에 집중하느라 감사보다는 자기연민과 불평에 익숙한 사람이었습니다. 예전 같았으면 에어컨이 하나밖에 없는 집에 사는 제 삶을 한탄했겠지만 지금은 그렇지 않습니다. 하나님, 제가 어려운 상황 속에서도 감사와 평안을 고백할 수 있는 성숙의 단계에 이르기까지 저를 참아 주시고 잘 돌봐주셔서 감사합니다. 이렇게 감사의 고백을 드리다 보니 그동안 불기둥과 구름기둥으로 저를 인도해 주신 주님을 느낄 수 있어 참 좋습니다. 주님! 매우 고맙고 사랑합니다.

2단계: 내가 드린 감사에 대한 하나님의 반응
사랑하는 내 딸, 성심아!
네 삶에 일어나는 작은 일들을 통해 나를 발견하고 내 생각과 마음이 무엇인지 구해줘서 참 고맙구나. 성심아! 내가 엘리야에게 나타났던 때를 기억하니? 나는 지진도 불도 아닌 세미한 음성 가운데 나타났었지. 나의 세미한 음성에 귀 기울여 응답하는 네가 참 아름답구나. 거대한 골리앗이 아닌 왜소한 다윗과 함께 했던 나를 기억하며 두려워하지 말거라. 네 약함을 보듬어 안을 때마다 나를 사모하는 마음이 더 커졌음을 이미 많이 경험하지 않았니? 에어컨 없는 한낮의 더위로 인해 아침저녁의 서늘한 바람을 고마워하는 네가 사랑스럽구나.

📖 하나님과 생각 맞추기

제목: 전화기만 붙잡고 있었던 그 45분

1단계: 이런 네 모습이 보이는구나

더운 낮에 마켓 앞에서 켜지지 않는 차 시동을 걸고 또 걸며 답답해 하고 실망해 하는 네 모습을 보았단다. 전화가 안 터지는 동네인 것을 알면서도 45분가량 같은 자리를 왔다 갔다 하며 남편과 친구들에게 문자와 전화를 거는 네 모습을 보았단다. 굽이 높은 구두 때문에 다리는 아프고 전화는 안 터져서 많이 답답했지? 그래도 네 어린 두 자녀가 생각보다 차분히 있어 줘서 감사해 하던 네 모습을 나는 보았단다.

2단계: 이렇게 말하는 네 음성이 들리는구나

"왜 전화가 안 터지는 거야! 전화가 안 된다는 게 말이 돼? 더워 죽겠는데 나보고 어떻게 하라고! 왜 여기서 차가 멈춘 거야! 정말 짜증나!"

이 말을 한 후, 네 자신을 달래는 목소리도 들리더구나.

"그래도 고속도로를 달리다가 이런 일이 생기지 않아서 다행이다."

그리고 네가 아이들과 대화하는 소리도 들리더구나.

"엄마! 여기서 계속 전화만 할 게 아니라 그냥 집까지 걸어가요."

"잠깐만, 한 번만 더 해 보고. 더우니까 여기 앉아 있어. 엄마는 높은 구두를 신어서 발이 아프잖아!"

"그래, 걸어가자. 어머나, 여기 전화가 터진다, 애들아!"

나는 네가 이 일을 돌아보며 친구와 대화하는 내용도 들었단다.

"지혜야! 너무 우습지 않니? 나는 그곳이 신호가 안 터지는 걸 너무 잘 알고 있었거든. 그럼에도 불구하고 그곳에서 45분이나 전화를 걸고 또 걸고… 안 되는 줄 알면서 왜 그랬을까? 아무래도 난 이런 생각을 했던 것 같아. '전화기가 멀쩡한데 왜 안 터지는 거야. 반드시 전화를 걸고 말테야!'라고. 너무 우습지 않니? 나는 왜 고집스럽게 45분 동안 헛고생을 했을까? 45분 뒤, 드디어 포기하고 집을 향해 걸어가기 시작했을 때, 3분도 안 되서 전화가 터지더라."

3단계: 이 일이 네게 얼마나 의미 있고 중요한지 안단다
성심아! 안 되는 일인 줄 알면서 45분 동안 같은 일을 반복한 네 행동이 왜 너를 깜짝 놀라게 했는지 나는 잘 안단다. 그리고 이 일이 왜 네게 중요한 일인지도 잘 안단다. 너는 "도대체 왜 안 되는 거야? 네가 이기나 내가 이기나 해 보자!"라는 오기로 오랜 세월을 살아왔기 때문이란다. 가난하고 못 배운 부모 밑에서 태어났다는 이유로 세상은 너를 무시했고, 그때마다 너는 세상을 향해 분노를 발하며 "네가 이기나 내가 이기나 해 보자"라고 외치며 물러서지 않았잖니? 그래서 너는 대학원까지 나오고 미국 유학도 떠났었지. 그런데 성심아! 미국에 처음 왔을 때를 기억하니? 오기로도 각오로도 안 되는 것이 있다는 것을 알게 되었던 그때 말이야. 오기가 빠져나가자 네게 우울증과 공황장애가 찾아왔었잖아. 기억나니? 책상 앞에서 며칠 밤을 꼴딱 새고 앉아 있어도 영어 한두 문장밖에 작성하지 못했던 그 날을 말이야. 그때 너는 현실과 네 한계를 인정하고 쉬었어야 했는데 먹지도 자지도 않고 한자리에만 앉아 있었지. 나는 그런 너를 보며 안쓰러웠단다. 그렇게 언어가 다른 땅에 살면서 너는 네 오기에 한계가

있음을 경험하게 되었지. "여기는 거룩한 땅이니 네 신을 벗으라"는 음성을 듣고 모세가 순종한 것처럼 나와 더불어 사는 삶, 사랑이 동기가 되는 삶으로 너를 초대한지 벌써 17년이 되어가는구나. 45분 동안 "네가 이기나 내가 이기나 해 보자"라며 계속 전화를 걸었던 것은 네 속에 남아 있던 오기의 잔재라고 해야 할까? "엄마, 걸어가요"라는 아이들 말에 정신을 차리고 모든 어려움을 내게 맡긴 채 걷기 시작했을 때, 기대하지도 않았던 일이 생기지 않았니?

4단계: 너와 함께 있어 참 좋구나, 나는 네 연약함을 긍휼히 여긴단다
사소한 일, 그냥 지나칠 수 있는 일도 내 뜻을 구하는 네게 고맙고, 이렇게 너와 함께 있을 수 있어서 참 좋구나. 그리고 여전히 오기가 남아 있는 네 삶을 바라보며 네 아픔과 연약함에 긍휼한 마음이 드는구나.

5단계: 네가 힘들어 하는 일(중요한 일)을 내가 도와줄 수 있단다
성심아! 돌아보면 45분이 길면 길다고 할 수 있지. 그러나 며칠 밤을 움직이지도 않고 한자리에서 오기로 버텨내던 그 날들보다 지금의 네가 훨씬 나아지진 것 같지 않니? 잘 알다시피 이제 너는 더 이상 '오기'로 살아가지 않아도 된단다. '포기'라는 말이

네게는 실패로 들릴지 모르지만, 내 사랑 앞에서 기꺼이 포기한다면 너는 세상이 알지 못하는 크고 비밀한 기쁨을 경험하게 될 거야. 마치 네가 집으로 걸어가기 시작했을 때, 기대하지 않고 알지 못했던 곳에서 신호가 터진 것을 경험했던 것처럼 말이야. 성심아! 내 사랑이 있는 집으로 계속 걸어가렴.

부록 4

임마누엘 일기쓰기
노트

_____ 년 ___ 월 ___ 일

📖 감사로 교류하기

1단계: 내가 하나님께 드리는 감사

2단계: 내가 드린 감사에 대한 하나님의 반응

📖 하나님과 생각 맞추기

제목: _____

1단계: 이런 네 모습이 보이는구나

2단계: 이렇게 말하는 네 음성이 들리는구나

3단계: 이 일이 네게 얼마나 의미 있고 중요한지 안단다

4단계: 너와 함께 있어 참 좋구나. 나는 네 연약함을 긍휼히 여긴단다

5단계: 네가 힘들어 하는 일(중요한 일)을 내가 도와줄 수 있단다

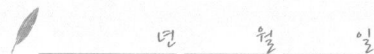 년 월 일

📖 감사로 교류하기

1단계: 내가 하나님께 드리는 감사

2단계: 내가 드린 감사에 대한 하나님의 반응

📖 **하나님과 생각 맞추기**

제목: _____

1단계: 이런 네 모습이 보이는구나

2단계: 이렇게 말하는 네 음성이 들리는구나

3단계: 이 일이 네게 얼마나 의미 있고 중요한지 안단다

4단계: 너와 함께 있어 참 좋구나. 나는 네 연약함을 긍휼히 여긴단다

5단계: 네가 힘들어 하는 일(중요한 일)을 내가 도와줄 수 있단다

하나님의 임재를 경험하는 일상의 훈련
임마누엘 일기

1판 1쇄	2016년 8월 20일
1판 11쇄	2024년 2월 20일

지은이	짐 와일더, 애나 강, 존 롭노우, 성심 롭노우
옮긴이	손정훈, 이혜림
발행인	조애신
편집	이소연
디자인	임은미
마케팅	전필영, 권희정
경영지원	전두표

발행처	도서출판 토기장이
주소	서울시 마포구 동교로 71-1 2F
출판등록	1998년 5월 29일 제1998-000070호
전화	02-3143-0400
팩스	0505-300-0646
이메일	tletter77@naver.com
인스타그램	togijangi_books_

ISBN	978-89-7782-363-1

- 이 책은 저작권 법에 따라 보호를 받는 저작물이므로 무단 전재와 무단 복제를 금합니다.
- 이 책의 전부 또는 일부를 이용하려면 반드시 저자와 도서출판 토기장이의 동의를 받아야 합니다.

도서출판 토기장이는 생명 있는 책만 만듭니다.
"우리는 진흙이요 주는 토기장이시니 우리는 다 주의 손으로 지으신 것이니이다" (이사야 64:8)